Be rich in the market

靠存股，多空都能

張凱文◎著

U0066950

靠存股,多空都能穩穩賺/張凱文著. -- 初版. --
臺北市：羿勝國際出版社, 2023.01
　　　面；　公分
　　ISBN 978-986-97962-3-1(平裝)

1.CST: 股票投資

563.53　　　　　　　　　　　　111021617

作　　　者　張凱文

主　　　編　張羿典

出　　　版　羿勝國際出版社

初　　　版　2012年

三版12刷　2023年

電　　　話　（02）2236-1802（代表號）

E-mail　　kv2grace@gmail.com

定　　　價　請參考封底

印　　　製　東豪印刷事業有限公司

總 經 銷　　大和書報圖書股份有限公司

聯　　　絡　電話 (02)8990-2588

公司地址　　(24890)新北市新莊區五工五路2號

生活的關鍵是，
要弄清誰為誰工作。

～巴菲特

Contents
目錄

Contents
目錄

F 前言
oreword

　　存股票是目前許多人的共識，但是真正能夠成功靠著存股票致富的投資人少之又少，為何會如此呢？我認為大多數的投資人都只是無腦存股，根本沒有做好交易紀錄、交易計畫和記得自己的交易。

記錄你的交易

　　美國傳奇股市操盤手傑西李佛摩，他的所有交易都有做筆記，當中紀錄他的買進或放空的理由還有出場的原因。

　　他從成功及失敗的紀錄，以及從中所學到的教訓，找到了交易時間因素理論，「為交易做紀錄」，我認為這是成功交易者最重要的因素。因為在股市成功的果實，將會與你親自做紀錄、獨立思考與判斷直接成正比。

　　從記錄中可看清楚自己交易的優缺點，認識自己的投資屬性是屬於長中短期，有助分配自己的投資資金，最後建立起最適合自己的投資組合，

計畫你的交易

　　我認為每位投資人在投資前，都該問問自己以下三個

問題：

1. 我有多少閒錢可以交易？
2. 當市場崩盤 50% 時，我還有錢可以投資嗎？
3. 我準備了多少生活預備金

以上三個問題至關重要，投資人可以解答自己的三個問題之後，才能夠開始計劃自己的交易，包含投入資金的比重、預期獲利和投資標的，都需要擬訂好一份交易計畫。

投資人也要懂得推演行情的變化，推演行情不同於預測行情，舉例來說，接下來的大盤走勢只會有三種：1.上漲、2.下跌、3.盤整，而當這三種不同行情的推演走勢產生時，投資人要該如何因應，這些都應該做好交易計畫。

記得你的交易

每年股市總有一波牛市行情，這時投資股票變成很容易，很多新手投資人在還沒有弄懂如何買賣股票，就迫不及待趕緊到證券公司開戶，希望能夠一進場就買到一支連續十支漲停板的飆股。

F前言
oreword

　　或許新手投資人可以很快賺到錢，但並不是他的選股或操作技巧非常獨到，而是股票市場的牛市行情，才造成股票全面的飆升，任何人只要那個時候把錢投到股票市場，一個月的時間獲利翻倍以上比比皆是。

　　不過，股市卻也非常奇特，每年都有一次崩盤式的大回檔，不少投資人辛苦操作了幾個月，往往在短短的一至二個月裡連本帶利賠了回去，由此可知，若只靠運氣無法幫投資人賺錢，賺錢的真本事仍然要靠自己。

　　所以投資人要記得自己的交易，不只是賺錢的交易，更多的是要從賠錢的交易中獲取經驗，讓賠錢的經驗成為之後賺大錢的養分。

　　我相信要在投資市場致富，最好的方式還是巴菲特所倡導的「慢慢致富」，本書以存股為主軸，佐以技術面、基本面和心理面等交易策略，期望投資人可以找到屬於適合自己的投資組合，最終在多年之後可以達到財富自由的人生。

P序章
Preamble

有錢人的投資
和你不一樣

致富過程其實不只是提升投資的技巧，更重要的是一種轉換有錢人的思維。

Lesson 1　有錢人的資產和散戶不一樣

> 有錢人寧願讓自己的資產跟著行情波動，也不願意輕易地離開市場。

　　為什麼有錢人很會理財？其實我透過兩張圖來呈現，你可以發現有錢人其實沒有比散戶會投資，你可以看從1990 至 2020 年的 30 年股市裡，1% 的有錢人和 80% 散戶的投資組合與 S&P500 走勢圖的比較。

　　從圖中我可以發現一件重要的事情，那就是 1% 的有錢人資產和 S&P500 走勢圖呈現高度正相關，而 80% 散戶的資產則和 S&P500 走勢圖呈現高度負相關。

　　從這兩張圖我可以得到一個結論，那就是有錢人不害怕股市的漲跌，而是去接受股市的漲跌，因此即使股市在高檔，他們也不會出清持股，因此當股市重回牛市時，他們手上的資產會跟著重回高點。

1% 的有錢人與 S&P500 的走勢圖比較

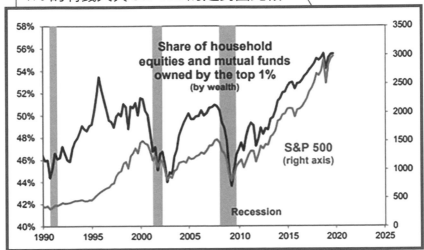

80% 的散戶與 S&P500 的走勢圖比較

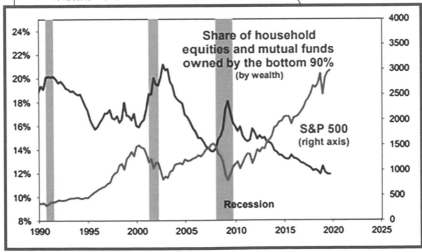

圖片來源:永豐金e-Leader

但是散戶則呈現完全相反的思維，散戶會在牛市上漲的過程中，不斷賣掉持股，當股市創新高時，手上的投資組合所剩無幾我認為這是 1% 有錢人和 80% 散戶最大的不同，也就是說，有錢人不去預測行情的漲跌，而是接受行情的漲跌。

　　若以投資技巧而言，有錢人其實沒有比散戶高明，有錢人最擅長的是「以不變應萬變」，他們寧願讓自己的資產跟著行情波動，也不願意輕易地離開市場。

　　散戶則不是如此，像我進入投資市場時，總以為要懂得夠多，才不會放過每一波的行情，因此努力研究各種技術指標、線型和投資策略，的確，我的努力的確有讓我賺到錢，但是也讓我陪了不少錢，回首來時路，我領悟到了在投資市場要致富，寧願要當賺錢的傻瓜，也不要當賠錢的智者。

　　那 80% 的散戶永遠沒有翻身當有錢人的機會了嗎？非也，從圖中可以發現，散戶應該運用「微笑曲線」的投資方式，當股市開始下跌時，開始用定期不定額的方式加碼，當股市跌越多，更應該加倍扣款買進，如此一來當股市到達底部時，散戶手上股票的持倉量是最高的。

　　當股市開始脫離底部，開始重回牛市時，這便是有錢人和散戶的最大分水嶺，散戶會在股市上漲時開始賣股票，漲越多賣越多，也就是當套牢好久的投資組合解套或是開始

微笑曲線投資力

不投入資金
用股息再投資

定期不定額
開始扣款

持有成本

圖片來源：高盛

小賺時就離開市場，結果反而錯過後面一大波的行情。

我認為 80% 的散戶可以做好在下跌時加碼持股，因為下跌時的思維通常是「長期投資」、「不賣就不賠」或「存股賺股利」，而關鍵點就是我在下圖中所畫圈圈處。當股市開始從底部上漲時，這時會有人受不了長期套牢，好不容易解套會開始賣出，這無可厚非，但若你發現，當你越賣股票，股價越往上漲時，這時就千萬不要賣股票，連「停利」的想法都不要有，這樣才能夠像 1% 的有錢人一樣，將投資組合從底部抱到頭部。

所以當下次你的投資組合開始解套時，你可以減碼扣款，若你害怕再下跌沒資金加碼的話，那麼暫停扣款也行，但是千萬不要去預測行情的高點，因為只要一預測高點，就會開始賣出股票，這樣又會踏上 80% 散戶的宿命了。

▶ 甚麼是微笑曲線

當股市從最高點開始下跌時，投資人隨著定期定額的投入，手上的單位平均成本也會跟著股價往下走，之後只要股價往上揚，隨著加碼金額的增加，不需要回到當初的最高點，投資人就可以輕易解套，甚至還能享受之後上漲的波段行情。

Lesson 2

如何換個
有錢人的思維

有錢人會把生活費支出壓到最低，並且把大部分的支出用
投資帶來收入。

我的父親是公務員退休，母親則是市場小販，家境算
是小康，回想我的整個成長中，雖不用擔心餓肚子，但是
要想往更上一層的有錢人境界，可說是極其困難。

初期我以為要成為更有錢的人，是要提升自己的投資
技巧，因此我選了許多投資工具：股票、期貨、選擇權、
ETF 甚至還有槓桿型的 ETF，繳了很多學費，雖沒有賠
到大錢，還是無法跨入有錢人的門檻。

後來我領悟到有錢人會把生活費支出壓到最低，並且
把大部分的支出用投資帶來收入，造成一個收入越來越多
的良性循環，而以前的我，每月只關注在如何讓自己的收
入大於支出就好，結果往往每月所剩無幾，造成了一個窮

17

人的惡性循環。

　　要跳脫窮人的惡性循環，我必須要先換個有錢人的思維，進而學習有錢人的作法，唯有如此，我才能夠漸漸脫離窮人的生活，所以當我下定決心要改變自己的窮人思維。

　　很奇特的是，當我決定降低每月的生活花費後，我居然從日常生活中省下了許多花費，並且把 80% 的收入存下來了！以前都不知道自己可以省下這麼多錢。

　　省下錢後，接下來便是關鍵了，我開始運用自己所學的投資知識，將這些錢開始投入到基金、股票和 ETF 市場，並且日復一日重複這些行為，結果我在成功在 35 歲時就達到財務自由，順利地從職場上退休，開始做自己喜歡做的事業了，沒想到當初換個有錢人的思維後，進而我也能擁有有錢人用錢賺錢的能力了。

窮人專注在讓收入大於支出

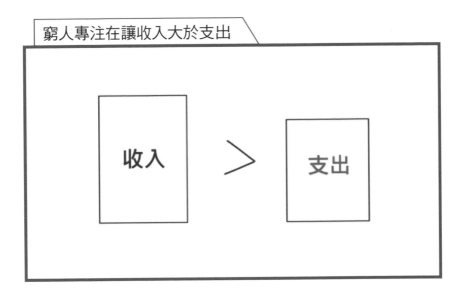

有錢人會讓其他的支出帶來收入

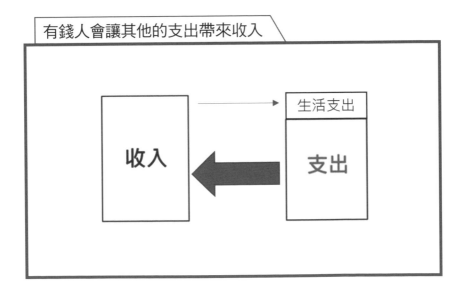

有錢人的複利
和你不一樣

本小利大利不大，本大利小利不小。

....

　　愛因斯坦曾說：「複利的威力遠大於原子彈。」許多基金公司常以這句話來鼓勵投資人用定期定額的方式投資，因此我便以每月 3000 元的方式來試算，看看定期定額的效益如何？

　　的確，當以 3 萬元本金開始，每月持續投入 3000 元，以 10 年平均 5% 的報酬率來算，10 年後資金約為 51 萬，除了一開始 3 萬以外，其他約 48 萬都是每月以複利滾出來的，效益看起來的確不錯。但當我以每月 30 萬元本金和 300 萬元本金來計算，卻有了右邊兩圖的驚人發現，30 萬元成長為 95 萬，300 萬元則成長為 540 萬。

本金 3 萬

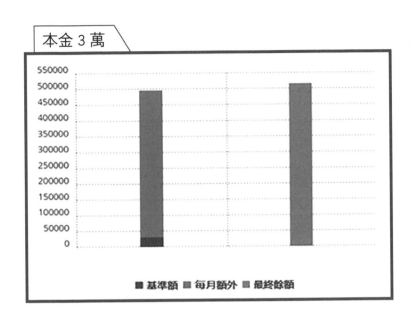

本金 30 萬

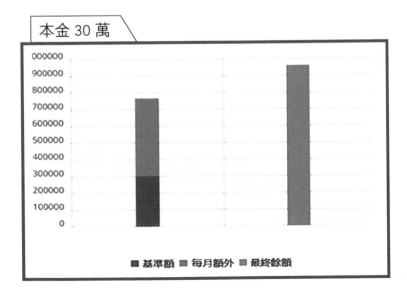

若將初始本金拉高到 3000 萬元，10 年後的本金和利息將成長為 5400 萬元，而從圖可發現每月投入的 3000元，根本對於整體資產的提升很有限，由此我發現了一個驚人事實：有錢人不靠定期定額，只靠本金複利就越來越有錢。

　　「本小利大利不大，本大利小利不小。」有錢人越來越有錢的祕密就是如此簡單，他們只要保有本金，即使獲利很低，依然可以越來越有錢，當我看懂這幾張圖後，我便決定要努力存大我的本金，而不只是提高每月的定期定額。

本金 300 萬

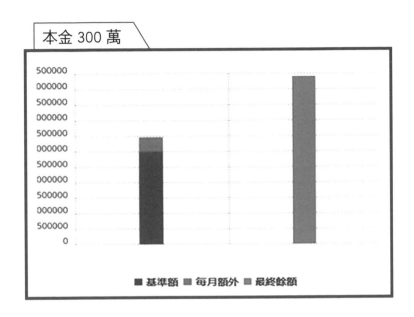

本金 3000 萬

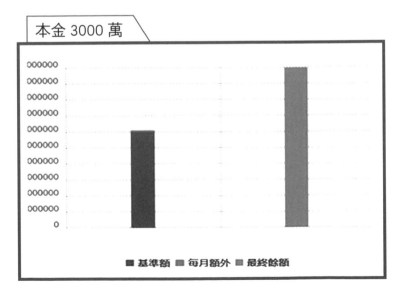

有錢人不說默默
在看的圖表

股價走勢圖或許可以讓投資人一時賺到小錢，股利配發圖
卻能夠讓投資人一世賺到大錢。

　　我的投資操作主要是以技術線圖為主，我相信技術分
析可以讓我大賺小賠，只要掌握好趨勢並且波段投資，透
過獲利增長來替代複利成長。

　　以下兩個公司的股票線圖，若我來選擇的話，肯定是
選擇下方那間 B 公司，因為很明顯，上方的 A 公司，股
價處在下降趨勢，若以常用的均線而言，趨勢一旦形成就
很難再逆轉，因此 A 公司的股價將會沿著下降的均線繼
續往下。

　　B 公司的技術線圖就漂亮多了，股價在一個區間長期
打底完成，並且股價都站上短中期的均線，重點是下方的
成交量有出來，價漲量增，這是一個很不錯的投資機會。

技術線圖 A 和 B

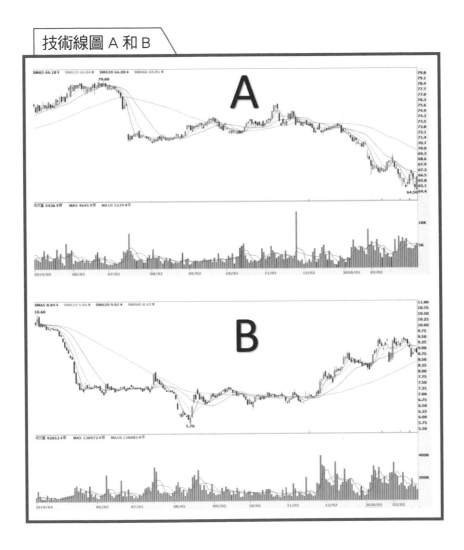

以上是我早期的投資思維，的確，這樣的投資思維和操作的確有讓我賺到錢，但是很可惜，我無法靠這樣的操作賺到大錢，因為不是每次的股價走勢，都能如我所料的上漲或下跌，並且只要碰觸到停損點就必須出場，結果往往是小賺小賠，偶而下重注時，運氣也不站在我這邊，通常都是以停損出場。

　　我就這樣在股市裡載浮載沉了將近 10 年，轉眼間已經過了 40 歲，我認為這樣下去不行，我必須要找到一個穩定的獲利模式，重點是這樣的獲利模式可以讓我下重注，並且幾乎不可能失敗的獲利模式，因此我走向圖書館和書店，再次尋找是否有這樣的股市獲利模式。

　　我重新注意到了「巴菲特」這位投資大師，從我進入股市時就認識巴菲特，但那時總認為他號稱每年獲利 20% 總是太少，因為我若看對一個波段，少說都有 50% 的漲幅，但經歷了股海裡的跌跌撞撞，我才發現到要每年穩定獲利 20% 有多難，主要原因是若一開始的投資本金是 10 萬，獲利 20% 很簡單，若是本金是 100 萬，要每年獲利 20% 就有難度了，若是本金來到 1000 萬，那麼要每年都獲利 20% 就是難上加難了。

　　因為當可操作的本金越來越多，心理上所要面臨的賺錢和虧損壓力也是呈倍數增加，因此我開始重新學習巴菲

股利圖 A 和 B

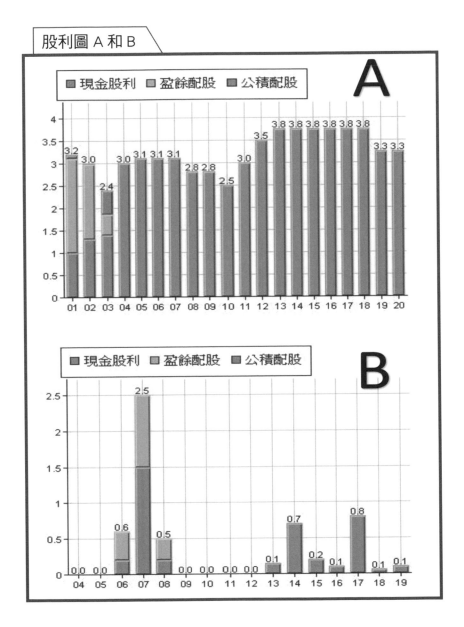

特的價值投資法，而在這學習的過程中，我也體會到了巴菲特要維持讓所管理的波克夏基金穩定獲利是有多困難的。

現在的我會看的圖表多是右頁的股利分配圖，我會專注在一家公司每年可以配發多少股利給投資人，而且不管景氣好壞，股利都能夠穩定配發，以上述的兩間公司為例，A 公司的股利年年配發穩定，B 公司的股利配發則是起伏很大，因此若是現在的我來選擇投資標的，我將會選擇 A 公司而避開 B 公司。

股價走勢圖或許可以讓投資人一時賺到小錢，股利配發圖卻能夠讓投資人一世賺到大錢，如何取捨和體會，如人飲水，冷暖自知了。

Part 1

如何安然度過熊市

學習將每個帳戶賦予各種功用,分門別類出花費、儲蓄、投資等多樣準則,依照自身理財習慣作約略調整,你就是自己專屬理財教練。

Lesson 1

認識股市熊市

不同類型的熊市，其時期長短也有差異。

美國著名投資銀行高盛銀行曾統計歷史上發生過的熊市，高盛將熊市分為三種：

1. 結構性熊市 (Structural)
2. 週期性熊市 (Cyclical)
3. 事件驅動型熊市 (Event Driven)。

不同熊市的影響

結構性熊市通常是由結構性失衡以及金融泡沫引發，週期性熊市通常是跟景氣週期相關，事件驅動型熊市則是由外部事件衝擊引發，如戰爭、疫情、原油價格等因素。

高盛統計過往歷史資料發現，週期性和事件驅動熊市

平均下跌 30% 左右，這也是我前面提到的「小股災」，而結構性熊市通常面臨超過 50% 的跌幅，也就是我前面提到的「大股災」。

不同類型的熊市，其時期長短也有差異，事件驅動型熊市約影響 6 個月，週期性熊市約影響 2 年，而結構性熊市平均影響 3-4 年。

結構性熊市的應對方式

結構性熊市一般約 10 年出現一次，例如 2000 年的網路泡沫是因為網路股的本夢比，因此造成 2000 年至 2002 年的熊市，結構性熊市一般人是很難避免的，因為其實網路股當初在 1998 至 1999 就已經有過於高估的狀況，但是股價還是一路飆漲。

當初的投資人面臨了錯失恐懼症（英語：Fear of missing out，簡稱：FOMO），也就是身邊的人都投資賺大錢，自己害怕再不買就是傻瓜，所以當所有人都買進時，再也沒有買進的買盤，最後股市就只剩下賣盤，所以只要有一點點賣壓，就容易造成股市崩跌。

正在經歷結構性熊市的投資人，我給的建議是趕緊降低財務槓桿，因為結構性熊市的跌幅往往高達 50% 以上，

單一個股更可能跌超過 90%，所以在這樣艱困的時候，不要再期待要如何投資賺錢，而是要想辦法維持現金流，避免資金短缺時，被迫賣出股票換現金。

週期性熊市的應對方式

週期性熊市是指國際間的各種原物料的景氣循環，例如石油、礦產、天然資源及農產品等原物料，通常個別的原物料景氣循環不會影響到整個股市，頂多是在該類股進行漲跌的循環。

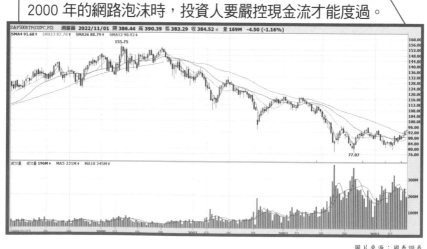

2000 年的網路泡沫時，投資人要嚴控現金流才能度過。

圖片來源：國泰證券

　　但若超出該類股一般的漲跌幅度,那就會間接影響到股市,例如 1970 年代的石油危機直接造成股市進入週期性熊市,而週期性熊市由於不像結構性熊市容易產生全球經濟大衰退,所以投資人只要持續加碼布局,就能安然度過週期性熊市。

1970 年代的石油危機造成的周期底部,
是投資人很好的布局時機。

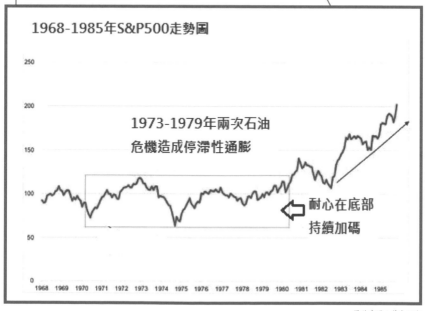

1968-1985年S&P500走勢圖

1973-1979年兩次石油
危機造成停滯性通膨

耐心在底部
持續加碼

圖片來源:華泰研究

事件驅動型熊市的應對方式

事件驅動型熊市通常是非經濟因素造成的股市大跌，例如2001年的911恐怖攻擊事件，造成投資人恐慌賣出，但其實我認為事件驅動型熊市反而是投資人積極買進的機會。

因為若股市因為非經濟因素下跌，之後當非經濟因素的利空緩和之後，股市將呈現快速的上漲，所以投資人若遇到事件驅動型的熊市，應對的最好方式，就是逢低加碼，越跌買越多，將來股市回漲就能享受到豐厚的果實。

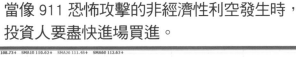

當像911恐怖攻擊的非經濟性利空發生時，
投資人要盡快進場買進。

圖片來源：國泰證券

34

Lesson 2 從新聞中找出股市高檔的跡象

股市的漲跌是投資人情緒的表現，透過新聞或報章雜誌，可以從中找到一些崩盤前的跡象。

巴菲特說：「當別人貪婪時恐懼，當別人恐懼時貪婪。」這句話就道出了投資的真諦，只要能掌握大眾的貪婪和恐懼狀況，再適時進出股票市場，很快就可以財務自由了。

我特別會觀察股市新聞的動態，因為這些資訊是給廣大投資人閱讀的，因此我可以藉此判斷投資人讀完這些新聞後的情緒反應。

當股市在高檔區時，通常新聞裡會有一些類似的標題：目前本益比不高、這次不一樣、還有資金活水等待進入股市，例如以下這則新聞：

股市真的泡沫了嗎？

全球股市在過去半年屢創新高，基本面卻還未全面跟上，引起許多人擔心股市是否已經泡沫了？接下來與其繼續長期投資，不如有賺就落袋為安的想法擴散開來，但真的是這樣嗎？

1. 股市瘋漲不代表泡沫，別忽略資金面影響
2. 股市仍具吸引力，長抱沒問題
3. 美好的投資時光就是現在

此外，許多人擔心股市泡沫即將破滅的另一原因，則是美國 10 年期公債殖利率即將超過美股股利率。然而，其實過去大部分的時間，美債殖利率都高於美股股利率，股市表現卻還是十分亮眼，因此這個擔憂並沒有實質的數據基礎。

鉅亨投資策略

基金操作上，建議如下：

這次真的不一樣，抓準復甦類股長抱不放

非常規的政策使得過去常用的評價指標變得不適用，在判斷是否還能繼續投資股票基金時，應該如本文參考更多元的指標，才能做更準確的判斷。基本面數據轉佳正是

景氣邁往復甦期最好的證明，利差環境也顯示目前仍是擁抱風險資產的好時機，不停地買進賣出僅會增加待在場外空手的風險。選擇分散且趨勢正確的好基金，並且長抱才能發揮最大的財富效果。

以上文章節錄自鉅亨網新聞中心 2021/03/02 10:25

知易行難

的確，以上的想法都沒錯，但是卻是一種知易行難的模式，我曾經在自以為的高檔出清股票，短期內的確有回落，但很快股票由反彈而至回升時，我反而沒有持股，就這麼眼睜睜的看著股票不斷創新高，也就是大家閒聊中的「賣飛股」。

鉅亨新聞發布後的走勢

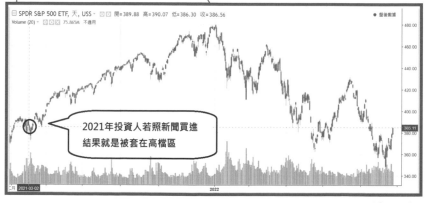

圖片來源：鉅亨網

理論上你當然要知道克服人性上的貪婪和恐懼，但是人類是群體生活的，你要憑甚麼可以判斷目前投資人的情緒呢？因為就連著名物理學家牛頓，當初都因為買進南海公司的股票慘賠，後來牛頓說：「我能計算天體的運行，卻無法預測人類的瘋狂。」

由此可知，人類的情緒是無法用科學計算出來的，要能夠了解目前股票市場上的投資人情緒高低，我認為只能依靠長年在股票市場上的經驗，但擁有其他人沒有的觀察力。

舉例來說，要瞭解股市是否在高檔區，並且是否有崩盤的疑慮，你必須要觀察周遭的親戚朋友對於股票投資是否熱衷，一些投資新手是否有賺大錢，甚至要閱讀報章雜誌的標題等種種狀況，都有助於幫助你判斷投資人的貪婪狀況。

學習逆向投資

有沒有發現以上的新聞標題，包含了我前面提的類似標題，所以優秀的投資人應該要從新聞中學習逆向思考，就能夠慢慢體會反情緒操作，進而學會逆向投資，投資是否可以賺大錢，這是個重要的關鍵。

　　此外，當股市走出一波大牛市時，有跟上這波漲的基金經理人，通常都會被稱頌為明星經理人，若是績效出奇的好，媒體則會歌頌他/她維新股神，例如 2020 年方舟投資（ARK Invest）創辦人兼執行長伍德（Cathie Wood），由於 ETF 的表現突出，因此被媒體歌頌為「女股神」。

　　要被稱為「股神」，至少也要有超過 30 年的投資績效來判斷，巴菲特用他的一生來證明他的績效，因此他被稱為股神，自然沒有問題，或許伍德（Cathie Wood）真的可以成為女股神，但是由於這檔基金的績效還沒經過幾十年多空循環的考驗，因此當我看到這些新聞時，我反而會開始觀察目前股市是否已經來到高檔區。

ARKK 周線圖

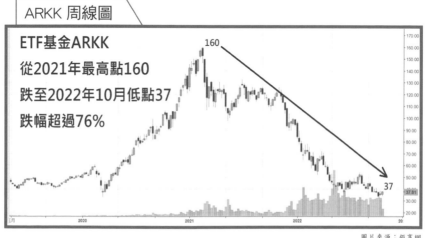

ETF基金ARKK
從2021年最高點160
跌至2022年10月低點37
跌幅超過76%

圖片來源：鉅亨網

相信客觀數據，
克服主觀情緒

根據客觀數據，來判斷目前股價是在高檔區或低檔區，做
好資金控管和資產配置。

　　作為台灣的投資人是很幸福的，因為政府都會定期提
供一些經濟數據，並且用簡單易懂的圖表來提醒投資人目
前市場是屬於高檔或是低檔區。

　　我很後悔早期很不在意這些資訊，我那時總是自以為
是，認為這些資訊總是落後指標，股市裡的指標比較準，
後來當我在股市裡賠了大錢後，再回頭來看這些客觀的經
濟數據，才驚覺自己走了好多冤枉路。

　　事實上，這些客觀數據若能好好運用的話，將可以實
現投資裡最難做到的一項操作：買低賣高。因此接下來我
將提供三種客觀數據，希望能夠幫助你在投資決策有個好
工具可參考。

一、景氣對策信號

這項信號是由許多綜合的數據計算而成，包含：海關出口值、機械及電機設備進口值、批發、零售及餐飲業營業額、貨幣總計數 M1B、股價指數、工業生產指數、製造業銷售量指數、製造業營業氣候測驗點、非農業部門就業人數。運用方法很簡單，就是在黃藍燈和藍燈時大力買進，而在黃紅燈和紅燈時大幅減碼。

景氣對策信號這項指標對我來說，算是落後指標，因為通常當燈號轉向時，股市已經上漲或下跌一大波，但股市技術分析經常有「假穿頭真破底」或是「假破底真穿頭」的走勢，因為這項指標我會用來確認長期趨勢是否發生改變，進而不受短期股價漲跌的影響。

二、領先指標

相對於景氣對策信號，我更喜歡領先指標，這指標一樣是由許多綜合數據計算而成，包含：外銷訂單動向指數、製造業營業氣候測驗點、股價指數、實質貨幣總計數 M1B、實質半導體設備進口值、工業及服務業受僱員工淨進入率、建築物開工樓地板面積。運用方法是在數值低檔區時買進，數值由高檔轉弱時賣出。

那斯達克與領先指標有高度的正相關走勢。

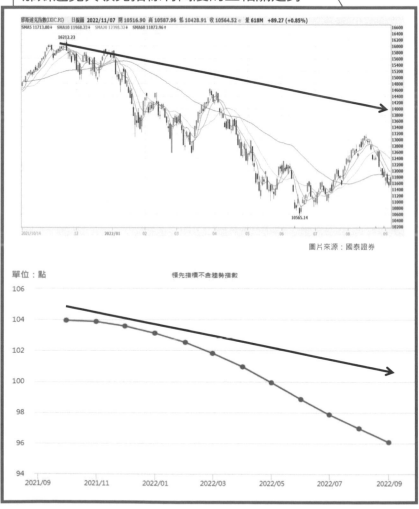

圖片來源：國泰證券

圖片來源：國發會

為了更確定高低檔的買賣操作，我習慣會把領先指標和股價走勢重疊在一起看，從圖中很明顯可看出在 2021 年 11 月開始，領先指標從上升轉而向下走勢，對照股價走勢也開始往下，因此 2022 年初我開始逐步調高現金比重，也因此在 2022 年全球崩盤時，可以保有現金在低檔持續布局。

三、美元指數

除此之外，我還經常觀察一項重要的客觀數據，來判斷股市何時反轉，我用的數據其實也是很多投資專家關心的，那就是美元指數，當美元指數在低點要往上漲時，那麼代表股市一定在高檔區準備反轉向下。

經常觀察美元指數還有個好處，可以藉此觀察非美貨幣的走向，例如很多投資人會在美元走強，而日圓、澳幣、歐元等非美貨幣走弱時，開始慢慢兌換非美貨幣，並定期定額購買非美貨幣計價的基金，這樣當下次牛市來臨時，就可以同時賺到價差和匯差。

巴菲特說過：「股市賺錢有兩個原則，第一，不要賠錢；第二，不要忘了第一個原則。」全球大部分的股市總有個特色，就是熊短牛長，所以投資人根據客觀數據，來判斷目前股價是在高檔區或低檔區，做好資金控管和資產配置，長期下來就能笑傲股海。

S&P500 與美元指數呈現負相關走勢。

Lesson 4

了解自己 的操作屬性

優秀的投資人應該要努力做到魚與熊掌可兼得。

投資操作可分為左側交易與右側交易，二種策略沒有好壞之分，投資人可以在行情反覆波動的過程中，找尋適合自己的操作模式。

左側交易與右側交易

左側交易為逆勢交易，在市場長期看漲的情形下，股價越跌越買，藉此逢低攤平成本，等待將來股價回漲時，再逢高停利出場，不過這類操作適合「本多終勝」，也就是在下跌過程中，不要太快加碼，以免還沒跌到底部就花光資金。

右側交易為順勢交易，也就是股價趨勢往下跌破支撐時，逢反彈持續賣出，在上漲突破壓力買進，逢壓回買進，算是一種追高殺低的動能操作，這類操作需要高超的

左側交易與右側交易

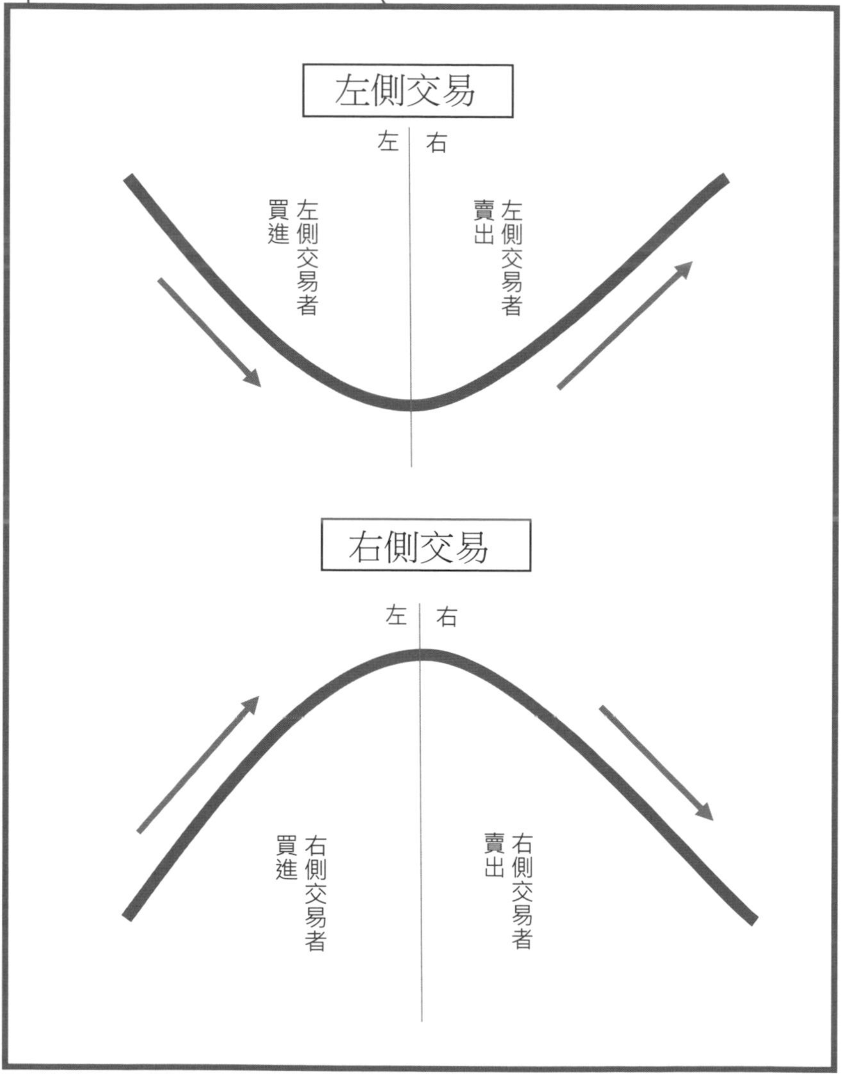

左側交易

左　右

左側交易者
買進

左側交易者
賣出

右側交易

左　右

右側交易者
買進

右側交易者
賣出

圖片來源：鉅亨網

46

投資技術，適合較有操作經驗的投資人。

魚與熊掌可兼得

　　若合併左側交易與右側交易做比較，投資人可能會有所困惑，因為當左側交易者買進時，剛好是右側交易者賣出時；而當右側交易者買進時，卻是左側交易者賣出時。

　　不過若投資人的操作觀念正確，是不用拘泥一定要只

比較合併後的左側交易與右側交易

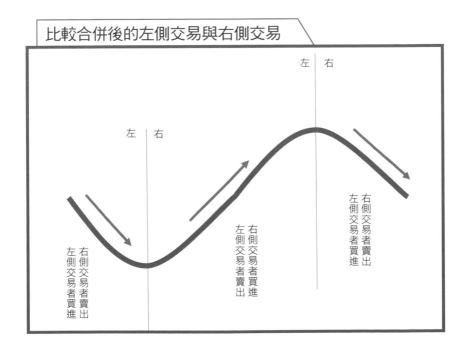

左　右

左　右

右側交易者買進
左側交易者賣出

右側交易者買進
左側交易者賣出

右側交易者買進
左側交易者賣出

做左側交易或右側交易,而是應該思考如何同時做到左側交易和右側交易,優秀的投資人應該要努力做到魚與熊掌可兼得。

　　定期定額可同時做到左側交易和右側交易的買進動作,投資人的買進成本會在低檔附近,而當股價開始進入高檔區,投資人可以開始設立停利點賣出,並在跌破關鍵價位時持續賣出,如此可在高檔區做到左側交易和右側交易的賣出動作。

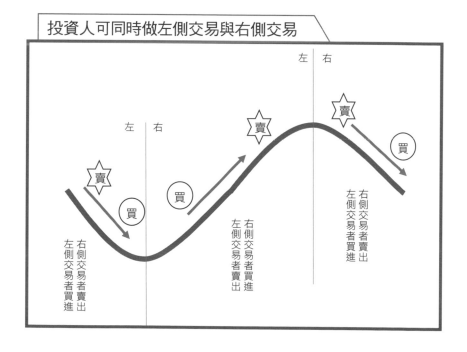

投資人可同時做左側交易與右側交易

Lesson 5

逆向投資是
財務自由的關鍵

要早日達到財務自由的關鍵，就是必須要在股市崩盤時逆
向投資。

當股市往下崩跌時，對於短線投資人來說，只有一個
選擇：就是停損出場，因為短線投資人的資金，通常都是
用融資來買賣，所以若不趕緊停損，就會面臨證券商的斷
頭賣出，與其如此，短線投資人不如乾脆自我了斷。

了解自己的情緒階段

對於長線投資人來說，當股市崩盤時，不只不用停
損，甚至要找時機加碼，不過在加碼前，必須要先檢視一
下自己的情緒在哪個階段，因為在高檔區可以定期定額加
碼，但若股市已經在底谷了，就必須單筆投入大額資金，
才能夠達到事倍功半之效。

以下這張投資的情緒階段圖，是網路盛傳的 OS 圖，投資人可藉由這些 OS 的對話，明白自己的情緒處於哪個階段，也可以檢視自己到底是屬於短期投資人，還是長期投資人。

對於我自己來說，由於我的個性是屬於較開朗型，這種個性的情緒在職場很受歡迎，但在投資市場裡，卻是致命的缺點，因為情緒容易跟隨股價起起伏伏，所以我唯一能夠克服自己的情緒盲點，就是不看盤投資，盡量在盤後分析股市，並採用長期投資的方式來操作，如此就能避開投資情緒的起起伏伏。

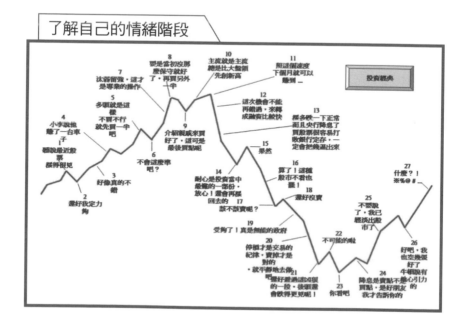

了解自己的情緒階段

在熊市來臨時趁早出場

當 100 元崩跌至 50 元時，帳面上是賠了 50%，但是若要從 50 元漲回 100 元，則必須要漲 100%，所以，投資人必須要先分析牛市周期是否已經走了很久，長期來看，全球股市每 10 年會有一次大熊市來臨。

投資人必須在股價從高檔墜落的第一時間就出場，很多機構法人的停損價位會是在帳面虧損 10% 時就出場，因為之後股價只要漲 12% 就漲回原來的價位，因此優秀的投資人必須在熊市來臨時趁早出場。

熊市的末跌段

熊市走到末期，通常會有最後一波崩跌的行情，這行

漲多少才能解套

套牢	解套	套牢	解套
-10%	+12%	-50%	+100%
-20%	+25%	-60%	+150%
-30%	+42.8%	-70%	+233%
-40%	+66.7%	-80%	+400%

情可以在短期間內以近90度的斜度往下跌，而這時候通常是融資斷頭，投資人慘賠出場的時刻，但是若以長線投資的角度來看，這時候反而是進場的好時機。

當股價在短期間內崩跌時，勇敢在低檔加碼或攤平，等下次牛市來臨時，不僅可以反敗為勝，更能讓自己的總體報酬率增加不少。

熊市崩跌的確會讓投資人害怕，但是我認為要早日達到財務自由的關鍵，就是必須要在股市崩盤時逆向投資，因為股價崩盤時的投資人，通常都是以市價瘋狂賣出，這時長線的投資人便可以好整以暇地買進，當這樣的投資操作不斷重複時，投資績效將會以倍數增進。

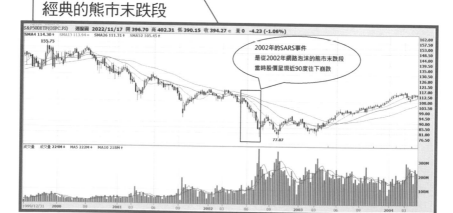

經典的熊市末跌段

2002年的SARS事件
是從2002年網路泡沫的熊市末跌段
當時股價呈現近90度往下崩跌

圖片來源：國泰證券

Part 2

換個巴菲特的腦袋

　　與其整天惶惶度日，不知要
如何才是致富的聖杯，不如讓自
己換個巴菲特的腦袋，徹底建立
自己的投資哲學。

Lesson 1

如何擁有對金錢的掌控權

當有一天你有了財務的知識，你也就擁有了掌控金錢的力量。

巴菲特曾說過：『對你的能力圈來說，最重要的不是能力圈的範圍大小，而是你如何能夠確定能力圈的邊界所在。如果你知道了能力圈的邊界所在，你將比那些能力圈雖然比你大5倍，卻不知道邊界所在的人要富有得多』。

擁有財務知識，便是懂得了解自己的能力圈邊界，也就是說，你可從以前被金錢掌控而被迫做自己不喜歡的工作，反過來可學會掌控金錢，進而開始做自己喜歡的工作。

讓人為我努力工作

因為工作的關係，我曾經訪問一位上市公司的老闆，在訪談結束時，我請教他致富的秘訣，他回答：「這世界上大部分的人為了錢，都很努力工作，但是只有極少數的人，讓錢或人努力為他們工作，若你想致富，就要讓錢或人為你努力工作。」

即使上班族努力工作獲得越來越高的收入，但是國家卻會對這些高所得的人士課取越高的稅金，每個國家稅法建立的精神，就是鼓勵人們創造自己的資產，因為一個國家擁有越多的資產，那麼代表創造了更多的就業機會，國家的經濟就越來越好，失業問題也越來越少，這裡所謂的資產即是建立企業，職位越高的上班族，其實是在幫老闆建立企業，而不是建立自己的事業。

我們努力工作也很難存到錢的原因，就是薪水增加的速度不如物價上漲的速度，所以假如可以選擇創業，那麼透過讓員工努力地工作，就能讓自己的收入遠遠超過物價上漲的速度。

我們都誤以為創業的風險很高，但其實若能找到獲利模式，創業家其實是一種低風險的職業，對上班族來說，上班族的客戶只有一位，那就是老闆，因此上班族必須努力工

作，來討好自己的老闆，因為一旦被老闆開除，那代表上班族失去了100％的薪資收入。

創業家的客戶有成千上百個，一旦當中有個客戶不下訂單，那麼影響到創業家的收入也只是1／1000或1／100，創業家的風險大大地降低了，所以越成功的創業家，越能讓自己的風險降至越低。

最穩健的投資工具

你看過倉鼠在籠子裡努力跑步的樣子嗎？這代表著在現實中絕大部分的人們的生活狀況，就想倉鼠在滾輪裡面跑一樣，怎麼跑也跑不出去，卻又停不下來，倉鼠若想得到自由，不是努力地在滾輪上跑步，而是要想辦法逃出籠子。

因此，上班族唯一的解決方法，就是倉鼠要想辦法逃出籠子一樣，要努力跳出目前的工作框架，重新找回對金錢的掌控權，若是短期內各方面條件都不適合創業，那麼可以先朝購置房地產出租這方面著手。

阿偉是我在教會的一個朋友，他在2008年金融海嘯時，想在台北市買房，無奈即使那時大台北的房價有修正，但是對他來講還是太高，因此他下了一個決定，他繼續在台北租房子，並用他的自備款在高雄市購置了4間房子，

每間房子隔成5間套房，共有20個單位出租，每個單位扣除所有成本能夠淨賺2,000元，因此他目前每月不用工作就有4萬元的淨收入。

這幾年高雄的房價漸漸上漲，有次我問阿偉是否有想要獲利了結出場，他表示，「即使賣出，以後也很難再以更低的價位買回來，還不如繼續讓這四間房子為我努力工作。」

只要慎選時機和標的物，房地產其實是一項很穩健的投資工具，因為銀行能夠借你大部分的資金購置房地產，你還能用出租的方式，讓房地產為你賺錢，所以若你手上有一筆錢存在定存，那麼我給你一項中肯的建議：「趕緊去買房地產出租吧！」

靠股票，每年多領一份年終獎金

珮雯的老闆很會激勵業務部，總是不斷在開會時公告，只要業績達至多少時，就會提撥一份豐厚的年終獎金，因此每年的尾牙總是看到每位業務臉上都是笑呵呵，因為一年的辛苦總算有獎金回報了。

珮雯只是個行政助理，對於公司的業績灌注並沒有直接的貢獻，因此每年的年終獎金通常都只有幾千元，我雖然不

滿意，但也只能接受，因為行政工作本來就只是一間公司最基層的工作。

不過珮雯有個習慣，就是每月領到薪水時，一定會去買中鋼的股票，這是珮雯媽媽的建議，她說：「不要把錢存在銀行，有點小錢就買股票存著。」所以珮雯的理財方式就是「存股票」。

過了幾年後，珮雯手上的中鋼股票已經累積到了100張，她每年可以從中鋼領到約25萬至30萬的股息股利，珮雯等於為自己賺到了屬於自己的年終獎金。

而且還不用像業務部一樣，整日為業績打拼，珮雯打算繼續累積手上的中鋼持股，她希望在50歲前累積到300張中鋼股票，如此一來，她每年就有約100萬的股票收入，她也可以好好規劃自己的退休生涯了。

知識就是力量

上班族的生命其實一直被金錢所掌控，我們必須努力上班工作，不然我們無法賺取生活上的花費，我們更要保持健康，因為一旦生病了，除了醫藥費之外，我們大多數的薪水還會因此暫停給付，因此上班族就像是金錢的奴隸一樣，把自己的生命蠟燭，完全燃燒在工作上。

創業、房地產和股票投資，是我所建議的三大投資工具，若能好好運用這三大工具，我們一定可以重新找回對金錢的掌控權。

我們可以自己控制收入高低，而不是由老闆來決定你的收入，我們也可以想放假的時候就放假，而不是身體不舒服時，為了多賺錢而勉強上班，我們更可以決定我的退休年齡，只要條件許可，我們可以在50歲前就退休，而不是過了65歲的退休年齡，還必須拚老命上班。

當然，除了創業、房地產和股票投資，這世界上還有更多的投資工具，例如期貨、選擇權、債券、黃金、白銀……等投資工具，都能夠幫助我們跳脫上班族的宿命，關鍵還是在於本身的財務知識有多少，正如我們所常聽到的英文諺語：「知識就是力量。」當有一天你有了財務的知識，你就擁有了掌控金錢的力量。

▶ **致富小叮嚀**

創業、房地產和股票投資，是非常穩健的三大投資工具。

具備基本的
財商教育

唯有依靠自己努力獲得財商教育，才能擺脫窮忙族的惡性
循環。

雅婷生長在一個小康家庭，從小到大父母給她的觀念就
是「把書讀好，將來找個穩定的工作」，因此儘管雅婷不喜
歡唸書，但是為了以後有個穩定的工作，她還是盡力地獲取
一份大學文憑，畢業後，也順利進入一間電子公司工作。

停滯20年的起薪

但是她畢業後的起薪是25,000元，這樣的起薪跟20
年前一樣，也就是說，當雅婷讀幼稚園至大學畢業這段期
間，上班族的薪水呈現停滯狀態，但是這20年間的物價卻
上漲了數倍至數十倍不等。

雅婷發現到這樣的問題，跟父母討論時，所得到的回應則是：「年輕人要懂得吃苦，有工作做就不錯了，你不知道很多人還失業嗎？」

雅婷沒想到她人生中最快樂的時光竟是在求學時代，因為只有在求學時不用擔心錢不夠用，因為爸媽自動會把錢給她，但是一旦畢業後，無論自己如何加班賺錢，卻永遠感覺錢不夠用，戶頭裡也永遠無法存到錢。

有一天雅婷看電視時，發現網路人力銀行公布一份調查，有56％受訪上班族存款不到5萬元，其中更有26％是零存款、標準的「月光族」，而67％工作不開心，70％認為「自己的健康比實際年齡老態」。

存款低、心情低、健康指數低的「職場三低族」，反映出台灣勞工「窮忙」現象，這時雅婷才驚覺到原來自己也成為了「窮忙族」這大家族的一份子了。

現在有很多人跟雅婷一樣，在個人財務方面遭受到不平等的對待，不管是政府、老闆或是親戚朋友，幾乎沒有人可以在財務方面，提供你正確和實質的金錢幫助，因此，想要早日獲取財務自由，唯有依靠自己努力獲得財商教育，才能擺脫窮忙族的惡性循環。

養出3大金雞母

　　財商教育能夠讓你擁有領先別人的致富競爭力，這種競爭力能夠讓你獲得無限大的投資報酬率，就像你可以印製自己的鈔票一樣，財商教育包含了三大領域：

1. 股票

2. 房地產

3. 創辦公司

　　真正的有錢人每個月可以從這三大領域中，固定獲取現金的收入，有錢人不喜歡把錢存在銀行，反而是找尋更多的投資機會，也就是說，只要價錢夠低，那麼有錢人會不斷買入股票、房地產和創辦公司。

　　許多上班族總是為了「現金太少」而煩惱，但是有錢人卻是經常煩惱「現金太多」，因為他們不斷買入可以收到現金的金雞母，所以有錢人永遠不用擔心錢不夠用，而是要思考「錢如何用」。

　　當全球不景氣時，各國政府通常為了避免通貨緊縮，因此便會大量發行鈔票，希望造成通貨膨脹，但是這時那麼有

錢人很有可能無法把現金持續投入股票、房地產和創辦公司等領域。

這時有錢人便會把多餘的現金投入原物料商品，例如黃金、白銀、石油等原物料，因為原物料的趨勢跟通貨膨脹呈現正相關，因此有錢人這時便會把錢轉至原物料商品，等待股票、房地產和創辦公司的進場機會。

生病的資格

對於收入越來越少的上班族而言，由於本身擁有的投資現金過少，因此可以暫且先不用考慮投資原物料商品，反而應該把所有的心力放在股票、房地產和開辦公司等三大領域，如此才能越早擺脫窮忙族的狀況，讓自己擁有財務自由的人生，也能夠建立自己的完善退休計畫。

有錢人不需要政府的退休計畫，因為他們能夠自己創造出源源不絕的現金，把錢投入政府的退休計畫所得到的收入，對他們的真正的退休生活來說，根本是毫無生活品質和保障。

老年所需要的醫療費用極高，即使有醫療保險補助，但是對一些自費項目的重大疾病而言，補助的金額往往只是杯水車薪，所以這時若無法在年輕時，就為自己預備好股

票、房地產和創辦公司等三大金雞母，那麼到了年老的時候，將會連生病也沒有資格。

本書即是以這三大金雞母為主軸，希望讀者能夠建造自己的金雞母，也就是所謂的「被動收入」。

在可預見的未來，物價將越來越貴，而薪水越來越不夠用，造成貧富差距越來越大，我相信若上班族不早點面對這樣的問題，早點趁年輕趕緊想辦法解決，將來等到年老時發現怎麼賺來的錢都不夠用時，到那時候誰也救不了你。

▶ 致富小叮嚀

1. 股票。 2. 房地產。 3. 創辦公司。
真正的有錢人每個月可以從這三大領域中，固定獲取現金的收入。

Lesson 3

銀行要的成績單

> 若我們想要向銀行申請創業貸款、購車貸款或信用貸款
> 時，銀行總是要求看我們的財務報表，而不是我們在學校
> 的成績單。

　　從小到大，父母師長都都經常灌輸我們一項觀念，殊不知這項觀念卻大大限制了我們通往財務自由的道路上，這項觀念為「上學拿高分」。

　　在求學時代，我一直以為只有得到好成績才是對的，若無法得到好成績，那以後一定沒有前途，等我大學畢業出社會找工作時，才驚覺「除了會讀書，其他的我都不會」。

現有學校的兩種教育

　　或許你看到這裡，會覺得我很反對教育，但事實上並不是這樣，我很認同教育，在學校可學到基本的兩種教育，第

一種是基礎教育，也就是聽說讀寫和算術教育，第二種是專業教育，若你想成為醫師、律師或會計師，透過學校的專業教育體系即可達成。

但是假如學生學會了基本的學術教育，但是對於醫師、律師或會計師等領域完全沒有興趣時，現有的教育體系完全無法幫助這些學生，只能鼓勵這些學生盡量再多進修，多讀一些碩士和博士，這不只是讓學生不斷逃避面對社會，更是浪費了許多學校資源。

我自己就是現有教育體系下的受害者，我在大學是學商業管理，出了社會後，才發覺不可能一進公司就當主管來管理別人，反而應該先學會被管理。

但是學校老師可從來沒教過我要如何與主管溝通、如何開發客戶和本身的理財規劃，而這些知識卻是影響我一生的重要學問。

所以我真正反對的是現有教育體系，除了基礎教育和專業教育外，對於「財務教育」極度缺乏。

造成許多社會新鮮人畢業後，完全無法適應這社會，因為各種工作起薪又低，無法存到錢，工作又常是「上班打卡制，下班責任制」，所以便讓這些畢業生更感挫折。

銀行要的成績單

我剛結婚時，由於想要擁有自己的房子，因此便跟銀行開始談房貸事宜，而銀行專員要我提供我和我老婆的收支和資產負債狀況，也就是要我們提供個人的財務報表，來讓銀行專員進入審核。

例如我們要提供我們的相關帳戶或存摺，以證明我們的收入可以負擔每月的房貸支出，我們也要提供存款、房地產和其他貸款證明，讓銀行評估我們的資產負債狀況，是否會因為多了房貸這項負債，而影響到我們之後無法負荷房貸，因為一旦我們無法正常繳付房貸，對銀行來說就等於多了一個呆帳。

除了房貸，若我們想要向銀行申請創業貸款、購車貸款或信用貸款時，銀行總是要求看我們的財務報表，而不是我們在學校的成績單。

若你只有高中畢業，但是銀行存款有上百萬，每月也有固定的收入，那麼你便是銀行眼中的「高材生」，若你本身負債上百萬，收入也不固定，即使你擁有雙博士學位，銀行也不會想跟你打交道，所以財務報表就是我們離開學校後的成績單。

教育體系的重大缺失

我在國中時期以為「萬般皆下品，唯有讀書高」，因此我努力求取好成績，後來果然獲得極優秀的成績保送高中，但是進到高中後，我發覺書的內容怎麼還是類似，只是比國中還難了一點。

那時我開始思考這樣努力拿高分似乎不是一條正確的路，所以我開始去探索出社會之後應該要有的一些知識，而我的學業成績開始一落千丈，那時我的老師覺得很奇怪，認為我的國中成績看起來是高材生，為何高中成績竟然這麼不理想。

老師想到的唯一理由是「我變壞了」，因為只有壞學生的成績才會不好，因此老師對我的態度完全是以瞧不起的心態對待，這也讓我的高中生涯活得很不快樂，最後我高中畢業時的成績是在班上的後段班，後來考上的大學也只是一般大學，所以我自己本身也是這個教育體系下的受害者。

現有的教育體系除了缺乏財務教育之外，還有另一項重大缺失，那就是依照學業成績將學生分類為好學生和壞學生，只要成績好就歸類為好學生，成績不好就歸類為壞學生，成績好就能夠考上明星大學，成績不好就只能讀一些野雞大學。

　　很多成績不好的學生只是對考試沒興趣，但是他們在其他領域一定會有屬於自己的天分，在美國的黑人家庭裡，從小就要小朋友盡力地去學習唱歌、跳舞和運動。

　　因為黑人天生就有這方面的天份，他們能夠透過發揮天份來鼓舞別人，如今的音樂界和體育界有將近80% 的明星都是黑人，就是一項最好的證明。

　　總而言之，不管在學校的成績如何，畢業進了社會之後，就是一切歸零，必須要從基本功開始做起，並且直到退休都要努力打造自己的被動收入。

▶ 致富小叮嚀

　　創業、房地產和股票投資，是非常穩健的三大投資工具。

MEMO

Part 3

存股票，
為自己多賺一份薪水

想靠著探聽內線消息在股市
發財，是不切實際的行為。

股市基本功

在投資股市這條路上，想要成功不只是準備好一筆錢而已，最重要的就是學習在股市裡獲利的各種技巧。

巴菲特曾說：『如果我們不能在自己有信心的範圍內找到需要的，我們不會擴大範圍。我們只會等待。』

想在股市發財，你認為有什麼方式呢？我想很多人會認為，知道內線消息是最好的方法，因為掌握內線，代表的就是能比別人提早知道飆股，因此，若能夠買到這種股票，肯定可以發大財，我主跑財經線，因此，經常都會知道一些所謂的「內線消息」。

我從來沒買過這些內線的股票，因為，我知道一個很簡單的道理，真正的內線是在公司老闆的腦子裡，一支股票將來會跌還是漲，只有公司老闆知道，只要有「內線消息」出

來，其實都已經不知是第幾手消息了，這時聽到消息買進股票，只會慘遭套牢賠錢的命運而已。

因此，想靠著探聽內線消息在股市發財，是不切實際的行為，但是，因為這是一般人最容易接觸股票的管道，所以你就經常會聽到許多人，買股票在股市慘賠的例子，間接地對股票投資產生害怕的心理，原因就是投資人熱衷探聽股市消息，而不勤奮研究股市基本功。

股市基本功

在股市裡其實有很多基本功，例如：要學會看基本的財務報表；對報章雜誌的消息，有自我判斷的能力；對於外資法人的籌碼動態，要經常關心。

而且對於技術面，也要懂一點技術指標和均線圖，以上的能力都只是在股市生活的基本功，學會這些並不代表你能夠成功，但是，你若不懂的話，代表你將會很容易失敗。

想在股市裡成功，在平常的日子就要勤奮地研究，在好機會來臨，例如產生一個突發性的利空，若是平常就知道哪些好公司的股票，類似非經濟型的利空產生時，就是一個絕佳買進股票的時機，但是，也唯有平日做好準備的投資人，這時才能夠看到機會，選到好股票進場。

股票市場最重要的基本功，就是要有良好的情緒控管，唯有維持好的情緒狀態，才能在任何的盤勢中，可以有冷靜的思考和判斷能力，而擁有好EQ並不是與生俱來的，好EQ也需要平常勤奮的操練。

　　例如：兩千年的網路熱、911恐怖攻擊、美伊戰爭和SARS危機等事件，每一次的事件來臨時，就是訓練投資人EQ的好時刻，在這些重大事件發生時，投資人要試著保持平靜的情緒，並且勤於自我思考，而不只是單純讓自己的情緒發洩。

追求卓越，成功就自然而來

　　有一部電影名為《三個傻瓜》（3 Idiots），這是2009年印度一部寶萊塢喜劇影片，改編自印度暢銷書作家奇坦・巴哈特的處女作小說《五點人》（Five Point Someone）。

　　本片反應了目前的許多社會問題，尤其著重在如教育制度與貧富差距等問題。

　　主角藍丘（Rancho）是個不願受到傳統填壓式教育的學生，這也使他另外兩個好友重新思考人生，而整部片讓我印象最深刻的就是主角藍丘說的一句名言：「追求卓

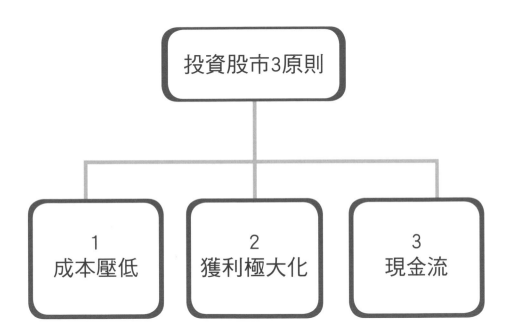

越，成功就自然而來。」（Chase Excellence, Success will follow）在投資股市這條路上，想要成功不只是準備好一筆錢而已，最重要的就是學習在股市裡獲利的各種技巧，這當中我認為最重要的便是股市的技術分析。

因為股市是經濟的櫥窗，因此股價走勢往往領先許多基本面，而股市技術分析便是協助投資人發覺股價走勢的一些訊號，藉此來判斷應該買進、賣出或持有。

因此我建議股市新手一定要把技術分析研究透徹，唯有練好基本功，才能夠上股市戰場與主力作手、投信法人、外資券商一戰高下。

▶ 致富小叮嚀

股票市場最重要的基本功，就是要有良好的情緒控管。

Lesson 2

買股票要像
愛情長跑一樣

股票市場是很容易測試自己耐心的地方，因為大多數的時間，行情都是盤整狀態，給人的感覺是沉悶的。

有一對情侶，認識了將近七年左右，一開始女方的家長因為男方的工作還不是很穩定，因此不是很贊成雙方的交往。不過，男生並沒有放棄這段感情，他選擇勇敢的面對，並且認真的準備公務員考試，希望靠著真誠的等待，讓女方父母對他改變看法。

在去年男方公務員考試終於通過，並且被分派在嘉義縣政府工作，女方的父母也終於答應雙方的交往，在今年六月這對情侶就要結婚了，七年的愛情長跑總算開花結果。

投資人在股票市場，也是要用「愛情長跑」的態度來對待，投資人要用真誠經營感情的態度，來操作股票，絕對

不可以想著要一夕致富。只要在股市裡心急，就絕對賺不到錢，這便是所謂的「欲速則不達」，要想在投資領域成功，投資人一定要有耐心，並且學會等待的藝術。

等待行情

如果你在股票市場待了幾年，相信你一定會發現股市行情大多數的時間是屬於盤整的狀態，大幅上漲和下跌的日子，通常一整年加起來，不會超過三十天。

假使你一年當中沒有參與到這三十天的行情，不但一整年沒有獲利，而且在其他的日子，你將會感覺到股市都沒什麼在動，並且覺得股票是個很悶的投資工具。

若你一整年都是在關心股市，你將會至少有三百天左右的時間，感覺到很無聊，假設你受不了這種無聊的日子，而選擇玩短線，那相信你將會很快就會被股市淘汰，因為光是股票交易的手續費，就會大幅拖累你的投資報酬率。

股票市場是很容易測試自己耐心的地方，因為大多數的時間，行情都是盤整狀態，給人的感覺是沉悶的。因此，這時候的投資人，要以平常心來對待，假若還沒買進股票，就要耐心等待底部的型成，或是等待突發性利空的來臨，一旦底部型成，投資人再從容的進場。

　　若已經買了股票，那更需要耐心等待，因為行情在發動前，絕對需要很長的一段時間醞釀，尤其是等待多頭市場來臨，因為在多頭走勢中，一定不斷有許多利空來測試，這時的投資人便要有耐心，不可因為短期的漲跌而被洗出場。

　　投資人若不是買在高檔區或低檔區，而是買在中間價位，一般來說，等待獲利的時間差不多都要等一年以上。也就是要等到除權除息的時候，才有機會達到理想的報酬率，若在當中忍不住出場，那一年便會賠錢，由此可見，學習等待在股票市場是何等的重要。

　　要想在股市獲利，唯有靠長期的等待，用時間來換取獲利，在等待的時間中，要認真的分析股市行情，並且不輕易進場或出場。一旦趨勢行情發動，長期等待的人也能夠明確的知道，而不像玩短線的人還在猶豫是否行情真的來了，這也是為何我提倡長期投資的原因之一。

　　投資人在一開始學習等待時，一定會不太適應，但是若是習慣有耐心的操作，心中就自然會產生盼望。

　　無論市場上有何利空消息，甚至遇到類似911恐怖攻擊的事件，依然能夠對未來保持樂觀的態度，盼望不只是期待股票大漲，而是單純的相信，相信人生一定有希望，明天依然有陽光，不管有何困苦，我一定可以克服一切的苦難，

培養耐心

在培養耐心的過程裡，最好還要訓練自己能夠超出忍耐的界限。舉例來說：當你在餐館點餐時，若是等了三十分鐘還不上菜，這時候的你，是否能夠沉的住氣，假使三十分鐘你能夠忍的住，那假若等了一小時還不上菜，你是否已經要開始抓狂了，這是日常生活中簡單訓練自己界限的機會。

當然，我不是鼓勵你在店家不上菜時，就乖乖的在座位上等，你當然可以跟店家反應，只是，有好耐心的人，跟店家反應時，是會用和緩的語氣來詢問，這樣的人是不會容易發脾氣。

在投資領域裡，最怕的就是意氣用事，有好耐心的人，可以避免因一時的情緒起伏，做出錯誤的決定。耐心是不容易培養的，要有好的耐心需要靠平時的操練，就像前述愛情長跑的例子，就是個很好的訓練自己的耐心的機會。

不要因為短期內的不如己意，就對自己灰心或是發脾氣，也就是說，要把培養耐心帶入日常生活之中，把耐心變為自己特質的一部分，如此一來，在股票市場裡，也才能夠自然的表現出穩健的投資風格。

玩股票是
賺不到錢的

改變自己的心態，讓自己是在「經營股票」，才有機會在
股海裡勝出。

　　有次去參加政府青年創業的輔導會，當中主持人問了一
句：「請問今天來參加的學員中，有多少人已經開始創業
了？」

　　放眼一看，只有小貓兩三隻舉起手，我統計了一下當天
出席人數約50人，舉起手的不超過5人，也就是有創業想法
的人超過90％，但真正付諸行動的不超過10％。

　　碰巧的是，那時剛好是2008年金融海嘯最慘烈的時
候，因此主持人又問了一句：「請問今天來參加的學員
中，有多少人股票已經套牢了？」

這時我看到幾乎所有的人都舉手了，若以比例來計算，可能有高達90％的學員都在股市裡住套房，只有極少數的人沒有舉，人數也不超過5人。

而這時，我發覺一個有趣的現象，前個問題有舉手創業的人，和後個問題沒被股市套牢的人當中，居然有3個人都是屬於那少數的10％裡，這難道印證了贏家總是少數人的理論嗎？

投資就是一種創業

經由前面的統計，我發覺一個很奇怪的現像，許多人不敢創業，深怕創業的風險，但是卻又熱衷於股市投資，認為只要在股市裡低進高出或買到飆股，自然就能讓自己的財富倍增、盡早退休甚至成為億萬富翁。

殊不知廣大的投資人沒有認清楚一項事實：「投資就是一種創業，創業就是一種投資。」投資和創業這兩者是可以劃上等號的，因此我經常聽到許多人在「玩股票」。

我就深深地搖頭，因為若以創業的觀點來看，你不會聽到任何一家老闆是在「玩生意」，老闆們通常都會說是在「經營生意」，因此想在股市裡成功，就要先改變自己的心態，讓自己是在「經營股票」，才有機會在股海裡勝出。

成本控管

創業要懂的第一件事就是「採購」，這部份會牽涉到成本控管，而在股市裡的成本控管，即是進場價位的選擇，假如在股價100元時買進股票，120元賣出，那麼不算手續費的話，就有20％的利潤，但若在股價跌至60元時買進，同樣在120元賣出，那麼獲利可高達100％。

因此股神巴菲特經常會在股價大跌時買進股票，即是這樣的簡單的算術原理，因此簡單來說，股市裡最佳的成本，就是你等待的時間，只要你有耐心等待股價下跌時買進，那麼將會享受到股價上漲時的倍數獲利。

獲利極大化

把成本固定後，老闆們便要讓業務部門盡量衝刺業務，把銷售極大化，投資股市也是如此，以2008年的金融海嘯為例，若David和John同樣在麥當勞跌至40美元買進，那麼都是同樣做到了「投資成本」的控管。

但是之後David在60美元就賣出，因為他認為他的獲利有達到50％了，他認為已經賺夠了，而John認為麥當勞還有上漲的空間，因此持股續續抱至80美元才出場，波段獲利高達一倍。

由此可見做到了壓低進貨成本後，就已經讓自己保持穩賺不賠的有利地位，因此這時就要有眼光把獲利極大化，不要只貪圖一點小利潤，而錯過了有可能是人生中最好的致富機會。

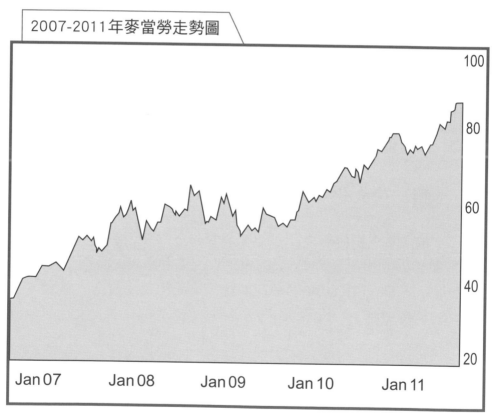

2007-2011年麥當勞走勢圖

資料來源：Yahoo奇摩財經網

現金流

創業要成功，最重要的就是現金流量要順，也就是說，賣出的商品營收要扣掉所有的成本費用之後，還有淨利的產生，才是一個標準的正現金流，若是公司賺的都還不夠付給廠商和員工薪水，那麼除非找到金主，不然的話，這家公司便很快走向倒閉之路了。

有很多人認為股市賺錢很容易，每天只需要專心看盤，按按滑鼠就能夠有收入進來，真是比上班還好賺，又不用受到老闆的鳥氣。

的確，若是每月能從股市賺取固定收入，當個專職投資人會很快樂，但是若每月有賺有賠，一年累積下來，有可能還是小賠，那麼代表的不只是你沒賺到錢，而且更缺少了上班時所累積的人脈和工作經驗。

因此我建議想當專職投資人的朋友，一定要再三考慮清楚，甚至要還在上班的時候，就要先讓投資的收入大於薪水一倍以上，並且持續維持一年以上，到時再來從容地轉職當專業投資人都不遲。

股市能為自己
多賺一份薪水

很多人最先想到加薪的方法，就是靠著老闆開個金口，幫你的收入多加一點錢，但是卻很少想到，其實每個人也能夠從投資理財上，為自己輕鬆加薪。

當你盡了一切努力後，老闆還是不加薪怎麼辦？

這時候求人不如求己，靠著投資理財，自己就可以加自己的薪水，若理財得宜，還可以享受錢滾錢的成效，說不定還能夠提早10年退休喔！

充實財務知識

不過要成功的投資理財可不是這麼容易，當我一開始不認識投資時，別人一跟我談到投資理財，我只有想到一個問題：「下跌怎麼辦？」後來，我親自去研究投資理財到底要如何去避免風險。

　　我發覺最好避免風險的辦法,就是去加強自己的理財知識,自己唯有知道投資的原理和方法,心情才不會因為投資的漲跌而起伏。

　　美國股神巴菲特曾經說過:「風險是來自於你不知道你在做什麼。」

　　這句話非常有深意,也道出了投資人如何避開風險的秘訣,換句話說,投資人若要避開投資風險,只要多充實自己的財務知識,並且嚴格管控自己的情緒,自然可以規避掉許多下跌的風險。

找對投資工具

　　充實過自己的財務知識後,其次就是要找對投資工具,一般人在投資時,都會很容易選擇投資股票,股票是個很好的投資工具,因為漲跌幅很大,所以若能在低檔買進股票持有,長期下來,很有可能靠著投資股票致富。

　　不過由於目前大家買股票後,都想要隔天或是下星期股價馬上大漲,並且通常買進股票時,都是看到親朋好友大家都在買股票,都有從股票市場上賺到錢,因此自己也跟著跳下去買股票,結果經常買在股價高點,當行情反轉時,便很容易造成財產的損失。

我因為股票的價格波動太大，我不太能夠掌握，因此我都是以投資基金和貨幣來作為我的投資工具，我會選擇定期定額的方式投資基金。

　　在獲利達到30％時，出清我的基金部位，重新開始定期定額買進基金，反之，若是虧損到30％時，我會加碼投資基金，我會依當時的財務狀況，單筆投資基金或是提高定期定額的投資金額。

　　因為我發覺即使是基金市場，基金淨值的漲跌也是滿大的，一般都會有上下近40％的漲跌幅，這樣的幅度雖然比股票小，不過若是沒有在高檔時賣掉一些基金，在低檔多買進一些基金，那麼也頂多是讓自己的財產膨脹和縮小而已，因此我才會選擇在高檔時適度停利，在低檔時積極加碼的操作方式。

　　至於外幣投資我會選擇澳幣和美金，主要是因為美金是全球貨幣，並且我有時會出國旅行和出差，因此手上必須要有一定金額的美元，而澳幣因為政經環境穩定的關係，所以我會選擇澳幣作為我資產配置的一環。

　　這麼多種的投資工具都不分好壞，投資人必須真正了解自己，並且擬定一個投資計畫，然後確實執行，而不是聽別人說或是看報紙，任何投資都要自己親身下去研究才行。

判斷趨勢

有一次我去海邊學滑水時，教練教導我要省力地滑水，就要看清楚浪潮是前進還是後退，並且順著浪潮的水勢滑行，如此不但可以滑的輕鬆，又可以滑的又好又穩。

在投資市場上也是如此，投資人必須要在市場上漲時買進並且持有，在市場下跌時賣出並且等待，但是就是有太多投資人在投資前，完全沒有去判斷目前市場是上漲還是下跌，單純地聽別人說，就直接買進股票或基金。

而面對這樣的投資結果，通常都是買在市場即將反轉的時刻，那麼這時問題來了，投資人到底要該如何自己去判斷趨勢呢？

就我自己的投資經驗，我會根據週遭的親戚朋友來做判斷，當他們跟你聊天時，談到最近在股票市場上賺了很多錢，那麼通常就是出場的時刻了，相反的，當他們跟你哭訴著，說最近在股市裡慘賠時，那麼我們也就是應該買進的時刻了。

這是一個最簡單的判斷依據，原因很簡單，當大家不斷買進並且不斷賺錢時，到最後將沒有任何買盤了，而不管是任何的投資工具，只有沒有買方，就只有往下跌的選擇

了，反之也是如此，當每個人都在賣出時，到最後大家都賣光了，手上都持有了現金，過一段時間後，自然會重新地開始買進。

這個方法很簡單，不過要成功地執行卻很困難，原因就是我也經常受到大眾情緒的感染，當大家都在買股票時，你不買就好像被當成傻瓜，而當大家都在賣股票時，你不賣也會被當成凱子，所以要正確地去判斷趨勢，首先還是要從自己心理的情緒控管開始著手。

請教投資專家

我一開始投資時，也是經過了很長的一段套牢時間，後來我不斷地自修研究投資理財，並且也開始去找尋周圍有沒有人是投資專家。

而在我找尋的過程中，我發覺有些人說的投資理論頭頭是道，但是實際上根本沒有從投資上賺到錢，而大部分人都跟我一樣，都是沒有一個正確的投資觀念，而在投資市場裡賠錢。

後來我找到一位在股市多年的阿姨，她從股市賺過上千萬，也賠過上千萬，後來她痛定思痛後，又從股市裡賺回過去賠掉的錢，一直到現在，她都還是維持著富裕的生活。

　　雖然我的投資工具是基金，但是基金也是由許多股票所產生的一項金融工具，因此我在投資上有什麼問題時，都會去請教她，而她也道出了她這麼多年來，在股市裡投資的一條定律：「投資一定要用自有資金，不要借錢投資。」

　　所以我很幸運的在投資初期小套牢後，可以很快地靠著投資累積我的財富，因此我也建議你要多去找尋親戚朋友中，有沒有這樣的一位投資專家，我相信他們的投資經驗，絕對可以讓你省下不少在投資市場上的學費。

靠理財輕鬆加薪

　　很多人最先想到加薪的方法，就是靠著老闆開個金口，幫你的收入多加一點錢，但是卻很少想到，其實每個人也能夠從投資理財上，為自己輕鬆加薪，雖然要成功地投資理財很不容易，但是我相信只要經過充分地研究和努力，一定能夠從投資理財上，獲取你應得的財富。

▶ 4步驟，用理財為自己加薪

> 1. 充實財務知識。　2. 找對投資工具。
> 3. 判斷趨勢。　　　4. 請教投資專家。

雞蛋分散
反而容易破掉

放的雞蛋地點太多，以至於雞蛋破掉的風險反而增加許
多，而若單純把所有的雞蛋放在同一地點裡，反而因為目
標只有一個，注意力可以集中在照顧雞蛋。

　　雞蛋是很脆弱的，因此，雞蛋放在籃子裡會破掉的危險
是一直存在的，同樣的，在股票市場裡，投資股票會虧損
的風險也是一直存在的，因此會有專家學者提出「資產配
置」的觀念，為的就是降低資金虧損的危險，想要降低資金
虧損的風險是對的，只是，卻走錯了方向。

雞蛋破掉的風險

　　做個簡單實驗，把家裡的雞蛋，分別放在廚房、臥室、
浴室等地方，和把所有的雞蛋放在客廳中，一個星期後，會
有什麼樣結果，分別放在廚房、臥室、浴室等地的雞蛋有可
能破了好幾個，而全部放在客廳的雞蛋卻只破了兩個。

　　會造成這樣的結果，就是因為放的雞蛋地點太多，以至於雞蛋破掉的風險反而增加許多，而若單純把所有的雞蛋放在客廳裡，反而因為目標只有一個，注意力可以集中在照顧雞蛋，所以雞蛋破掉的風險反而降低了。

　　由此可見，「不要把雞蛋放在同一個籃子」，根本就是互相矛盾的一句話，雞蛋本來就應該放在同一個籃子裡，而且，只要好好選好籃子和照顧好雞蛋，根本不用擔心雞蛋會破掉的危險，所以，若把這樣的觀念重新套用在投資理財上，將會大大地改變目前的投資行為。

　　目前市場上所提倡資產配置的理由是避險，把資金分配到股票市場和債　市場，假若股市大跌時，至少還有債券市場的穩定配息，但是實際操作起來，卻不是如此的順利，假若在2002年利用這樣的方式把資金平均分配在股市市場50％和債　市場50％，到2005年的獲利率分別是，股市有30％的正報酬率，而債　市場是15％的負報酬率，而且這還是最樂觀的算法，一般人在股票市場通常是負報酬率的，由此可見，把資金分散投資其實是不智的選擇。

　　在投資理財上要成功，通常是需要很嚴格的情緒控管，假使只用單一的金融工具來操作，投資人就很難管理好情緒來獲利，更何況是把注意力分散，要管理好不同的投資工具。

因此，真正成功的投資人是專心做股票或基金甚至是外幣，只要能在某一樣金融工具獲利，長期下來自然可以達成財務自由的目標，即使將來要轉換投資工具，也可以利用過去成功的操作經驗來套用，這正是所謂「一理通萬理透」的道理。

提高績效

若是把這樣的實驗經驗套用在股票投資上，你就知道為何你買了好幾檔股票，每一檔都是績優股，但是投資組合的績效卻一直不好的原因，因為你的注意力被分散了。

因此，除非大盤有大多頭的走勢，所有的股票都上漲，不然的話，投資報酬率都會被彼此抵銷掉了。

因此，投資人若想在股票市場獲利，應該要專注在如何提高投資報酬率，而不只是關心如何降低風險，我建議，股票組合最好不要超過三檔股票，而且我長期以來，通常都只擁有兩檔股票而已，好好把注意力投注在少量的股票裡，就能夠掌握住股票的脈動。

當然，既然要減少股票的持有數，那所選的公司自然一定要是好公司，只要買進績優股，自然就可規避很多地雷公司的風險，而如果真的很不幸買到的績優股下跌，投資人也

很容易在第一時間做出明快的決定，對一支股票做決定，一定比對十支股票做決定容易，而且準確度會提高很多。

　　做好股票數量控管，接下來便是要做好監督股價的工作，股價不需要天天去研究，但是還是要有基本的關心，也就是當股價在短期內突然暴漲，投資人要注意自己的投資報酬率，若是報酬率達到20～25％，投資人就必須要考慮獲利出場；相對的，若是股價短期內暴跌，投資人就可以根據自己預設的停損點出場。

投資訓練

　　美國投資大師華倫‧巴菲特曾說：「把雞蛋放在同一個籃子，然後看好那個籃子」。這就是很精湛的投資哲學，並且指出了投資人所要做的操練，不是訓練自己怎樣「把雞蛋放在不同籃子」，而是要訓練自己如何有「看好籃子」的能力。

　　因此，假使一開始投資人還是對這樣的操作有所遲疑的話，那就先從如何「挑好籃子」做起，也就是從「挑好股票」做起。

　　一開始，投資人可以挑出幾十檔心目中的好股票，然後再根據公司的經營狀況、公司老闆的誠信、財務報表的

好壞、未來的發展性等客觀條件，一一過濾到十檔股票以內，這將近十檔的股票，便是你所挑選的「好籃子」。

接下來投資人要做的，就是等股價在低檔區時，從十檔股票裡挑一兩檔股票進場，如此一來，投資人已經自我降低了虧損風險。

並且只需要等待手頭上股票的投資報酬率達成，如此來回復使，投資人已經訓練自己擁有了良好的投資操作，並且呈現良性循環，即使將來手頭上的資金成長到數百萬或是數千萬，依然可以用這樣的訓練，讓自己的資產，穩定並且安全地成長。

▶ 致富小叮嚀

在投資理財上要成功，通常是需要很嚴格的情緒控管。

Part 4

新手存股策略

若能早日體悟人生中那些錢是不該花，反而對之後的人生理財更有幫助。

如果今天開始存股

剛入社會的新鮮人，能夠從小錢開始存股，靠著時間複
利，慢慢把錢滾大。

俗話說：「富不過三代。」因此每在媒體上看到官二
代、星二代和富二代揮霍金錢的新聞，我的心中總是搖頭嘆
息，但是也不能怪他們，因為父母的事業太成功，子女除非
有更遠大的理想，不然總是想著要如何享樂生活，所造成的
結果自然是「一代不如一代」。

靠股票存到第一桶金

我的家世很簡單，父親是上班族，母親在市場賣水果，
因此當我出社會賺錢時，完全無法從家裡得到任何協助，
我只能靠自己打拼，但是我很感謝父親在我賺到第一份薪
水時，就教我存股的觀念，所以我可以在結婚前，靠著存股

票存到我人生中的第一個100萬。結婚有了孩子之後，開銷變得越來越多，所存的錢也越來越少，以前月薪3萬元時，每月至少都可存2萬元以上，但是婚後每月頂多只能存到5,000元，更常常每月當月光族。

所幸以前單身時，就已經養成了存股的習慣，因此即使婚後很難再從薪水多撥一點錢進股市，靠著以前的股息股利，股市的資產每年至少都以10％的速度成長，所以之前上班時，就以全部的薪水當生活費，股市的錢就不挪用，繼續讓股票生股子。

因此雖然上班時的薪水不高，但是心中還是有一份安定感，因為至少之後要奉養父母或是退休後的錢，都可從股市裡獲得所需的收入，我估計那時的投資本金約在100萬上下，每年可從股市獲得的股息和股利約為10萬元，雖然不多，但是等於每年發給自己一筆年終獎金。

創業後的每月收入有增加，但是我還是維持過去一樣的簡單花費，我把多賺的錢繼續存股，目標是希望在退休前，可以存到1000萬的投資本金，每年可以從股市獲得100萬的股息股利。

下表即是紀錄我從大學時代到我結婚前的存股紀實，雖然一開始存股很辛苦，但俗語說：「萬丈高樓平地起。」無

論你將來要達到什麼樣的財富高度，一樣都要從地基開始好好打起。

新手存股必學6大觀念

不管你是新手或老手，若你目前的現金不超過50萬，甚至是從O開始的話，那麼你一定要懂得以下6大存股觀念：

1

只買大型績優股

每次投資金額若只有幾萬元甚至幾千元的話，那麼建議只買股本大的績優股，可從台灣50和台灣100成分股中來挑選，我自己第一次存股的標的即是聯電，即是看中聯電是屬於大型績優股。

存股的觀念就是「不要把錢存銀行」，而是靠著股票的配股配息來滾錢，因此只要夠買一張的股票，即可進場存股，即使你的金額很小，也可存零股，例如台企銀的股價長期在10元上下，等於1000股約一萬元，1股為10元，所以只要你肯存錢，就不怕存不到股票。

2

有錢就存股

我的存股紀實

16 歲

開始閱讀基礎理財書籍，對投資產生興趣。

21 歲

大四開始研究股票，並深入了解巴菲特的價值投資法。

22 歲

用10萬元存款投資基金、股票，第一次頭資基金抱了1年多，獲利**60%**。

26 歲

用價值投資法買進億峰獲，利**48%**。

28 歲

靠投資存到人生的第一個**100**萬。

29 歲

用價值型策略，穩健地投資股市。

31 歲

開始學習股市以外的投資工具，例如房地產。

台企銀周線圖

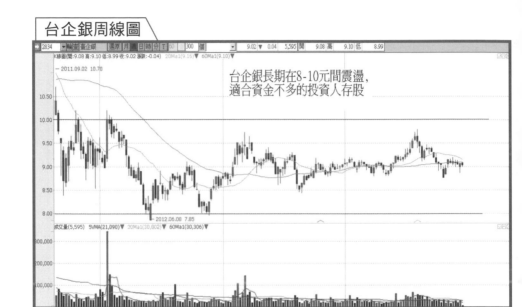

台企銀長期在8-10元間震盪，
適合資金不多的投資人存股

投資專家都會教我們要分散風險，那是因為專家會預設你的投資本金超過上百萬甚至是上千萬，若你目前只存到5000元，只能買半張台企銀的股票，那分散風險根本沒有意義，目前投入金額較小的投資人，應該要關注在多存本金，而不是在意投資的風險。

3

不用分散風險

4

不用管股價漲跌

很多股市新手一旦開始買股票後，就天天盯著股價看，盤後看第四台老師解盤，晚上在繼續看歐美股，問題是，所投入的股市本金只有幾十萬，即使股價大漲或大跌，其實對於本金的損益影響不大，所以既然要以存股的觀念長期投資，就不要管短期內股價的漲跌。

5

不設定停損點

股價總是在漲跌之間不段地循環，若你買進股票後，股價持續地下跌，那麼恭喜你，你應該繼續多存錢買股票，因為股價越低，你可買進的單位數越多，例如2008年金融海嘯時，你若在低檔時抱著「長期存股」投資，隔年2009年股價馬上漲回來，存股的績效馬上大躍進。

6

若當年不配息就賣股

基本上只要決定存股了，我就不建議賣股票，但是有一種例外情形，即是你所投資的公司當年不配股息了，那麼這就失去了存股的意義，因為存股就是為了要生股子股孫，再藉著降低成本的觀念長期投資，因此若當年不配股息，那不如那一年先換股，換到另外一家有相同殖利率的公司，這樣才不會長期套牢在一家公司，還無法靠著時間複利來獲利。

以上6個存股觀念，完全是這幾年我本身存股的經驗之談，或許你會覺得跟時下報章媒體所報導的有所不同，但是我認為媒體所講述的投資策略，不適合從零開始的投資人，而本節所建議的，即使是剛入社會的新鮮人，都能夠從小錢開始存股，靠著時間複利，慢慢把錢滾大。

若你目前投資股市的資金在100萬以上，接下來我也將分別以100萬、500萬、1,000萬資金的投資人，來建議規劃適合的存股策略。

▶ 致富小叮嚀

投入金額較小的投資人，應該要關注在多存本金，而不是在意投資的風險。

Lesson 2

100萬元
的存股策略

存到第一個100萬時，我建議你要咬牙撐過想花費的慾望，繼續存股。

　　從大學時代就開始騎車上學，每天日曬雨淋地騎車，所以以前在存股時，總是在想像著以後有錢想買一台車，當我28歲時，我的戶頭終於有100萬了，當時我問了我爸爸的意見，我爸給我兩個選擇，一個是繼續存股，一個是拿部分的錢去買車，這樣可以達到雙方面的滿足。

買車後的花費

　　後來我決定以60萬元，購買了一台1,800C.C的國產車，其餘40萬元則繼續放在股市繼續存股，但是買車後的第一個花費便是租停車位，經比較後，找到每月3,000元的月租停車位。

但是其他買車的花費卻是買車前沒精算過的，像每月油錢的支出情況，每月固定的油錢約5,000元，之前油價高漲時，更經常突破7,000元，若加上開車去中南部玩的ETF過路費和油錢，每月的油錢和停車費用，一個月約在1,5000元是跑不掉。

我還沒算完，每三個月汽車得進廠保養，基本開銷為5,000元，而且不含零件耗損費用，加上每年的燃料稅、牌照稅等，每年花在養車的成本上，就要在 10萬左右，若是偶爾還有小擦撞或想重新烤漆等，花費會更大。

買車後的費用計算(以每月平均計算)	
1.加油錢	6,000元
2.停車費與ETC	5,000元
3.保養費	5,000元
4.罰單或烤漆	4,000元

　　以上是我大約的概算，若我當時不買車一個月省下超過2萬，一年可以至少省下24萬，也就是若我沒買車繼續存股的話，我就不用在重新從40萬開始存，而是可從100萬的基礎上繼續存股。

　　但當時我爸沒建議我繼續存股，後來我有問他原因，他的理由是雖然繼續存股可以讓我的財富持續增加。

　　但是將來我結婚有家庭後，肯定也會遇到買車的需求，以後結婚後所要面對的是更多的花費問題，與其如此，那不如趁錢少時先面對這問題，若能早日體悟那些錢不該花，反而對我之後的人生更有幫助。

戒急用忍是上策

　　現在回頭想想當初自己的買車決定真是個大錯誤，因為不算買車的費用，若我把之後養車的費用再繼續投入股市，那麼不用3年，那100萬就直接翻倍成為200萬，再三年則有機會衝到500萬。

　　所以當你辛苦存到第一個100萬時，有別於當初我爸的建議，我建議你要咬牙撐過想花費的慾望，繼續存股，尤其若你投資股市的功力還是一般，例如你的績效無法每年超過20%，那麼還是乖乖地找10%報酬率的股票繼續存股。

若真的很想買車，那麼就讓投資股市的本金到達500萬元再來買吧，因為以前幾十萬元投資時，股市的波動損益約在萬元左右。

　　但是本金若到了百萬元以上，那麼波動損益就提升到了數十萬元，因此這時每個決定都會影響將來的績效，也會決定自己是否越快達到財務自由。

　　那時我只剩下40萬投資時，若光靠每年的除權息，是無法讓財富增加的速度變快，加讓每月要多出許多養車費用，所以為了要多存點錢，還必須自己再額外兼差，終於在30歲時，又辛苦地靠存股和存錢，讓戶頭又看到了100萬。

3隻小豬投資術

　　第一次看到戶頭有100萬時，內心除了興奮也充滿了驕傲，也因此無法守住那第一個100萬，而第二次看到100萬的心情，則是充滿了欣慰和懊悔，因為多浪費了兩年來存到這100萬，若這兩年能好好投資，肯定資產增加地更多。

　　不過收拾好心情後，我認真地規劃了接下來的投資策略，當以前只有幾十萬元投資時，我可以不管績效和股票，每月只要有錢就存下來買股，但是如今資產到了100萬，我必須努力提升我的選股和看盤功力，因為稍一不甚做

錯了投資決定，這100萬反而不進則退。100萬之前選股主要是挑選一檔金融股，主要原因是波動小，加上我不太會選股，所以我採用定期定額的方式投資，但是有了100萬之後，我開始想著要如何穩健地提升我的投資績效，後來被我想出「3隻小豬投資術」。

成長與穩健兼具

「3隻小豬投資術」即是找出每年穩定配息，但股價波動幅度大於20％的股票，當成第一隻小豬來投資，第二隻小豬則是找出第二檔波動幅度小，但也是每年固定配股息的股票，第三隻小豬則維持原先投資的金融股。

初期我不知這樣的組合績效如何，所以我把100萬採取334的比例分別投資這三檔股票，之後每月存的錢，我再根據這三檔股票的股價波動來投資，例如若其中有一檔股票的跌幅較重，那麼我便會買那一檔股票，因為跌深表示我可以買較多的單位數。

我一樣不保留現金，只要有錢就存股，因為股市裡本身就有定存概念股，但是年報酬卻比定存高好幾倍，所以當然是以投資股票為重，但若當年度投資報酬率低於15％，我便會檢討持股，看是否應該調整股票。

在這裡我不列出三隻小豬我分別投資哪些股票，這是因為我每一年會根據股票配股配息的變動，來調整我的持股狀況，因此我只希望提出用不同的持股來分散投資風險，並且提高投資績效。

把100萬分成三份，分別投資不同的股票

Lesson
3

500萬投資策略

資金若已經到達了500萬，任何操作都會影響損益至百萬元以上。

　　擁有一大筆錢可投資，不代表你一定賺錢，事實上，在投資之路上賺錢與否，跟金錢多寡一點關係都沒有，關鍵就在於本身是否擁有正確的投資觀念，和嚴格的操作執行力。

500萬就退休？

　　記得某期的財經雜誌曾經以「500萬就退休」當封面故事，內容主要是鼓勵投資人若手中有500萬現金，只要找到每年7％的投資工具，就可以直接退休了，但這是理想狀況，實務上真的有這麼順利嗎？

我隔壁的鄰居在2007年50歲時被公司裁員,他當時是公司的副總,存款剛好有500萬,那時股市行情正夯,所以他想著一年投資在股市若有20%的獲利,每年就可穩賺100萬,日子也還過得去。

　　只是事與願違,2007年底至2008年爆發了全球金融海嘯,他所投入的500萬現金,腰斬再腰斬,最後認賠出場時,現金只剩下100萬。

　　「當初本想每年獲利100萬,沒想到如今卻只剩下100萬。」他談起這段過往時,眼睛充滿淚水,依然懊悔不已,「你至少還有100萬現金可投資,再找個輕鬆點工作,然後重新出發吧。」當時的我苦勸他不能放棄,否則人生真的就這麼墜落下去了。

讓錢為我工作,邁向1,000萬之路

　　後來他去應徵了大樓管理員的工作,每月至少約有二萬多元的生活費,而股市的資金在2009年股市回漲後,也慢慢回到了近300萬,如今的他不敢想著500萬就退休,反而跟我一樣靠著存股,每年固定配股配息就好。

　　至於我自己,由於創業後的收入增加,所以每年可多投資股市的資金固定都在50至70萬左右,因此在35歲時,我

在股市的資產就順利到達500萬，只是由於我的資產都全部放在股市，因此當2007年金融海嘯來臨時，我也面臨了資產大縮水的窘況。

當我的股市資產從500萬縮水至230萬，那時沮喪的心情讓我產生放棄存股念頭，後來看到電視新聞報導美國股神巴菲特資產也因金融海嘯大縮水，那時我念頭一轉：「股市總是有漲有跌，關鍵還是在於是否堅持長期投資。」

於是我繼續存股，也因為有堅持下來，在2009年股市大幅上漲後，我在股市的資產不只漲回來，更因為在2007至2008年又在低檔加碼存股，所以在股市的資產順利到達700萬元的關卡。

2008～2009台股周線圖

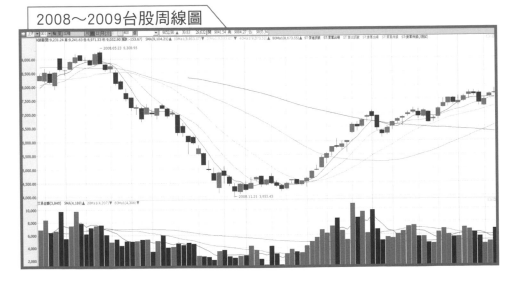

做好資金配置穩穩賺

事後回想金融海嘯那投資過程，內心其實多了很多警惕，也讓我重新思考，當投資資金到達500萬時，其實不宜再把全部資金都投入股市，後來我想出了下圖資金配置。我將500萬的資產分為三等份，15％買儲蓄型保險，15%投資台灣50，70%繼續存股，這樣資金分配在一般專家眼中，還是風險太大，他們建議要購買基金或債券才安全。

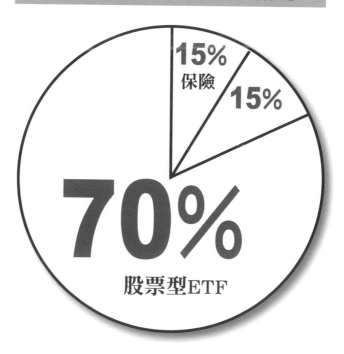

資金配置是最後勝出的關鍵

15%
保險

15%

70%
股票型ETF

　　但是金融海嘯時，所有的財經專家的建議完全失靈，那時不管是基金還是債券一樣慘賠，若買到當時的連動債，下場更是慘不忍睹，所以與其交給投資專家賺管理費和手續費，還不如自己學會資產配置。

　　當然，若你覺得我的資金配置風險過高，你也可以提高非股票資產的投資比例。

　　只是這樣的資金配置，對我之前100％的資金投資股市來說，已經是降低了風險，而且會這樣配置的原因是，若再來一次金融海嘯時，我還是會有15％的保險和15％的ETF可換成現金加碼股市，這對我來說，是一個進可攻退可守的資金配置。

看懂趨勢，讓錢快速增長

　　做好資金配置之後，我便加強我在股市的技術分析，因為台股是個淺碟型市場，因此經常會呈現超漲與超跌的情形，因此唯有判斷好股市的趨勢，在空頭時多持有現金，在多頭時再持有股票，才能讓自己的資產更快速增長。

　　下圖是我找到的台股近35年來的月線圖，下面那條線是10年線，可發現若靠近10年線或10年線以下買股，長期來看一定會賺錢。

有了這項發現，我便決定調整我的存股策略如下：

1.台股若在10年線以下，加碼現金投入股市，出清債券和保險的比例，並可依個人財務狀況增加槓桿。

2.台股若在10年線盤整，持續存股，依然保持債券和保險為零的比例，不建議增加財務槓桿。

3.台股若在10年線以上，慢慢減少持股，持續增加債券和保險的比例，慢慢降低財務槓桿。

台股 1988-2022 年月線圖

這三個投資策略即是以高檔保留現金，低檔加碼股市的概念，進而提高獲利績效，但是不管股市在高低檔，每年的配股配息依然繼續再投入股市，這樣才能達到複利的功效。

總結來說，資金若已經到達了500萬，任何操作都會影響損益至百萬元以上，所以這時投資更該戒慎恐懼，而不能抱著「有錢投資就是大爺」的心態，在股市中，唯有謙虛以對才是最後的股市大贏家。

▶ 致富小叮嚀

在投資之路上賺錢與否，關鍵在於本身是否擁有正確的投資觀念，和嚴格的操作執行力。

1,000萬元
的存股策略

達成一千萬的目標時，不妨就把達成一億元當成人生的終
極目標。

很多在股市的投資人夢想就是可在股市賺到1,000萬，
然後靠股利輕鬆退休，但事實上，我認為賺到1,000萬只是
算達成初步的財務自由，真正要輕鬆退休，則是要成為專業
投資人。

成為專業投資人

自從2008年雷曼兄弟倒閉事件之後，台灣金管會便開
始推動「專業投資人」制度，投資人若想要購買較複雜的金
融商品，不只專業知識要足夠，重點是口袋要有錢，即使你
有金融證照，或是口袋不夠深，想要買衍生性金融商品，依
然會被打回票。

　　根據金管會規定「專業投資人」的財力認定資格，是可以拿得出3,000萬台幣的財力證明或者與銀行往來總資產逾1,500萬元，簡而言之，若是你目前總資產可達到3,000萬的投資人，即可成為專業投資人。

　　雖然一開始我不認同這項政策制度，原因是那時我還再努力將資產拼上500萬，心中覺得人生若能有1,000萬就夠了，那時根本不敢想,3000萬，等到股市資產突破1,000萬後，才開始覺得這項政策是有其道理的。

　　記得以前在美國時，投資人在追求的也是第一個100萬美金，這換算成台幣，也剛好是3,000萬台幣，而且在投資至1,000萬的過程中，也的確付出了很多努力。

　　若繼續將這努力提升，一直到達成3,000萬，我相信可配稱為「專業投資人」，所以當資金到達1,000萬時，就先把「專業投資人」當成一個中繼的目標。

資金蹺蹺板

　　在資金只有100萬時，我提出了「三隻小豬投資術」，在500萬資金時，則是用分配資金的方式投資，如今到了1,000萬的資金，所要注重的則是整體投資的分配，我取名為「資金蹺蹺板」

股市總是在多空不斷地循環，所謂的「資金蹺蹺板」則是根據多空不同的環境，來調整現金與股票的比例，多頭時70％買股票，30％放定存，空頭時70％放定存，30％放股票，這比例分配跟500萬不同的是這時的現金可直接放入定存，股票則還是投入高殖利率股票繼續配股配息。

根據我的經驗，若是資金完全投入股市，1000萬的資金損益幅度，會約在300至500萬之間，所以我才建議把多餘的資金放在定存，以降低損益的幅度，而最重要的就是避開股市的大小空頭。

我會放在定存的原因是讓自己不會手癢去下單，全心專注在存股的操作上，而且當空頭轉回多頭時，我一樣可隨時解定存下單，當然，若你的定力較夠，現金可以不考慮定存，而是可改投資其他的投資工具，但是要確保之後多頭時，可轉回來繼續存股。

邁向億萬富翁之路

當已經達成一千萬的目標時，我建議不妨就把達成一億元當成人生的終極目標吧！至於要如何達成，其實也沒甚麼秘訣或招式了，除了用「資金蹺蹺板」把資金控管好，定期地調整持股，接下來需要的就是靠時間來讓複利發揮了。

資金蹺蹺板

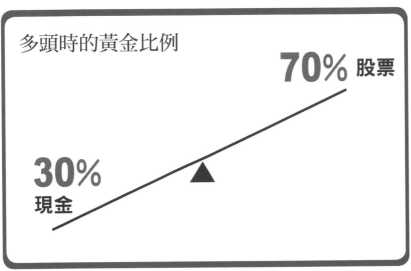

多頭時的黃金比例

70% 股票

30%
現金

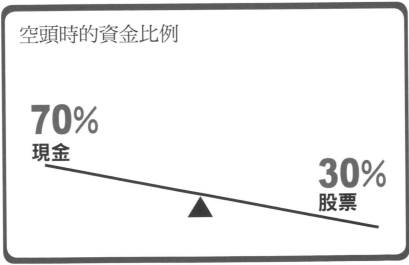

空頭時的資金比例

70%
現金

30%
股票

還記得複利的公式嗎？下表即是我列出的複利終值表，若將一千萬持續投入股市投資，那麼以每年平均10％的績效，大約在25年後就可達成一億元的目標，所以將你目前的年齡再加25，即可得知你大約會在幾歲成為億萬富翁。

　　算完後，或許你在億萬富翁的年齡是在70歲之後，你會覺得太慢了，能不能在更早一點成為億萬富翁，事實上，成為億萬富翁只是一個人生過程，重點是你在這過程中活的是否精彩，是否對於社會有所貢獻，而不是想早日成為富翁而提早退休。

　　我不鼓勵提早退休，原因就是身為一個社會上的一份子，我們每個人都必須在士農工商貢獻自己的一份力量，而不是整日泡在股市裡看著數字漲跌，每個人都要找出自己的專業，持續地繼續努力工作。

　　所以不管擁有多少財富，都必須持續專注在自己的本業上，將自己的所有聰明才智都貢獻給國家，如此才是一個充實豐富的人生，若是提早退休，即使擁有了金錢可揮霍，但是日子過久了一樣會覺得空虛，因為真正的快樂是再多的金錢都買不到的。

將股息繼續投入股市

年期	年初值	預期績效	年底值(本利和)
1	$10,000,000	10%	$11,000,000
2	$11,000,000	10%	$12,100,000
3	$12,100,000	10%	$13,310,000
4	$13,310,000	10%	$14,641,000
5	$14,641,000	10%	$16,105,100
6	$16,105,100	10%	$17,715,610
7	$17,715,610	10%	$19,487,171
8	$19,487,171	10%	$21,435,888
9	$21,435,888	10%	$23,579,477
10	$23,579,477	10%	$25,937,425
11	$25,937,425	10%	$28,531,167
12	$28,531,167	10%	$31,384,284
13	$31,384,284	10%	$34,522,712
14	$34,522,712	10%	$37,974,983
15	$37,974,983	10%	$41,772,482
16	$41,772,482	10%	$45,949,730
17	$45,949,730	10%	$50,544,703
18	$50,544,703	10%	$55,599,173
19	$55,599,173	10%	$61,159,090
20	$61,159,090	10%	$67,274,999
21	$67,274,999	10%	$74,002,499
22	$74,002,499	10%	$81,402,749
23	$81,402,749	10%	$89,543,024
24	$89,543,024	10%	$98,497,327
25	$98,497,327	10%	$108,347,059

MEMO

Part 5

如何選擇定存股

巴菲特說：「如果你不願意擁有一家公司十年，那就不要考慮擁有它十分鐘。」

存股就像滾雪球，越滾越有錢

如果你是小資族，每月頂多花幾萬元存股，那麼你已經是在做分批布局了。

在股市裡有句話說：「在股市裡10個人有9個人是賠錢的。」為何在股市有那麼多人賠錢？原因就是那些賠錢的人，大部分都是想來賺股票的價差，卻幾乎沒有人想賺股票每年的配股配息。

新手存股3心法

但事實上，在股市裡賺錢的人，卻都是只想每年獲取除權息的報酬，所以如果你從今天決定開始存股，那麼恭喜你，你已經踏上了股市贏家之路，接下來你只要擁有以下3個存股心法，你將穩穩當當地邁向財富自由之路。

1.耐心等待

如果杜鵑不啼，如何使它啼呢？日本流傳這樣一句話。

織田信長說：「杜鵑不啼，強迫它啼。」豐臣秀吉說：「杜鵑不啼，誘勸他啼。」德川家康說：「杜鵑不啼，等待它啼。」

這個故事，經常用來形容這三位在日本戰國時期的英雄性格，織田信長性格暴躁，所以會逼迫杜鵑啼叫，而豐臣秀吉善於運用計謀，因此會用計謀誘使杜鵑啼叫；至於德川家康性格隱忍堅韌，所以會等待它啼叫。

在股市中想成為最終的**贏家**，就要學德川家康的忍耐，以前在股市漲漲跌跌過程中，我有時候會看對某段行情，所以會想著：「若能搭配賺點價差，那獲利不就更好。」但事實上越有這種想法，等真的進場時，行情又不如自己所預估，結果反而是價差沒賺到，又乖乖回來繼續存股。

2.分批佈局

如果你是小資族，每月頂多存個幾萬元存股，那麼你已經是在做分批布局了，但若你手中有一大筆錢，而想採用存股的投資，那麼就應該要在除權前，定期定額分批買進的方

式布局想要存股的股票，才能降低持股風險。定期定額分批佈局的好處是，若在空頭時，越往下跌買的單位數越多，可累績較多的股票，而在多頭時，越往上長買的單位數越少，若到時趨勢反轉，存股的績效不會減少太多。

3.長期投資

華人電影明星周星馳曾經有段經典電影對白：「曾經有一份真誠的愛擺在我的面前，但是我沒有珍惜，等到失去的時候才後悔莫及，塵世間最痛苦的事莫過於此。如果上天可以給我個機會再來一次的話，我會對這個女孩說我愛她，如果非要在這份愛加上一個期限，我希望是一萬年......」

當然存股的長期投資不可能達到一萬年，但是存股的績效若沒有10年以上，是絕對看不出效益的，若在存股的過程中覺得無聊至極，那麼我要再次恭喜你，你越覺得無聊，那麼股票存股的績效反而越高。

不同年齡的存股策略

記得我剛進入股市時，由於才20幾歲，所以根本就不知風險為何物，挑選的股票都以中小型的飆股為主，不只做融資當日沖和隔日沖，還自己為要套利，還另做了期貨選擇權來「避險」。

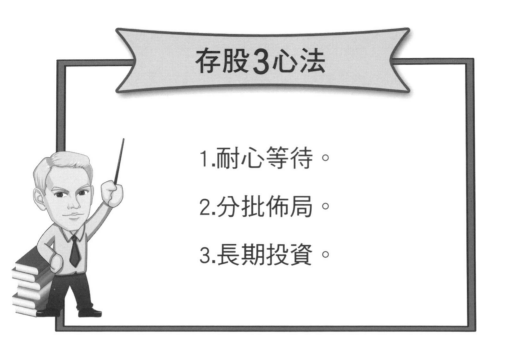

存股3心法

1.耐心等待。

2.分批佈局。

3.長期投資。

　　那時雖然還是有在存股，但是還是經不起手癢，總會留著10幾萬在股市裡上沖下洗，就這樣忙到30幾歲，那時有了孩子之後，由於事務繁雜，凡事也要多為家庭想，我才驚覺到以前的短線操作有多麼短視。

　　所幸我大部分的資金都還是以存股的策略滾錢，因此我的股市成績單才能勉強算及格，我也領悟到，在不同年齡時的存股會有不同的策略，年輕時可以不顧風險往前衝，但是越年長時，由於家庭和退休的考量，反而應該是要想辦法降低風險，以下我便根據四個年齡層給予不同的存股建議。

1. 20幾歲

20幾歲是剛從職場上起步,這時不該以股市為重心,應該找到職場上的定位,從職場上站穩腳步,有了穩定的收入後,就可以存錢來買股,但是這時的存股金額還是太少,所以要繼續加強自己工作的專業,想辦法讓職場上的薪水逐年增加,自然存的股票就會越來越多。

拚加薪,
存股票勝過存鈔票。

1. 30幾歲

孔子說：「30而立。」30幾歲在職場上由於有一定的歷練和經驗，所以收入想當然可以達到一定的程度，若目前待的公司薪水還是偏低，為了存更多的股票，就勇敢地換到肯提供較高薪水的公司，或是乾脆拚創業，只要你能在這階段打好存股的基礎，等於為自己買了一張財務自由的門票。

存股而立，
打穩有錢人的地基。

3. 40幾歲

　　走過了年輕時的跌跌撞撞，邁入40歲之後，這是一個屬於滾財富的黃金年代，在這階段，我不在建議你繼續衝事業，反而要開始注重養生，並且慢慢將重心轉移到股票市場中，因為事業越衝，將來只會讓自己更累，有句廣告台詞：「世界越快，心，則慢。」在這階段，請開始學習慢活吧。

不被飆股所惑，
慢慢將雪球滾至極大。

4. 50歲後

年過半百，相信這時在職場上已經累積了一定的財富，好吧，就算以前都沒存錢，50歲之後才打算存股，那麼也至少會有勞退的退休金，在這階段便是想辦法找一筆錢存股，然後只花股票的股息股利，但假若只花利息還不能生活的話，就還不能停掉工作，可以換成低勞力的工作來賺生活費，而是將股息和股利繼續投入股市，等到將來可股息和股利可夠生活，就可以邁向退休生活了。

練習只花利息不花本金。

避免買進的3大類股

每檔股票真的有它的股性，若是要賺短期價差的股票，絕
對不適合存股。

俗話說：「一樣米養百樣人。」一個股市更有上千檔股
票可投資，假若沒有一個好的篩選機制，那麼即使有了正確
的存股觀念，若買到錯的股票，不只無法致富，更會讓自己
長期賠大錢。

3類公司，我絕對不碰

這幾年來我買過至少有幾十檔股票，有些賺有些賠，
我發現每檔股票真的有它的股性，若是要賺短期價差的股
票，絕對不適合存股，因為短線的飆股經常是怎麼漲上去也
怎麼跌下來，所以下定決心要存股之後，我便設了3類絕對
不存的股票。

1.科技股

自從2000年網路泡沫後，電子科技類股一直是我避免選擇投資的類股，原因就是科技日新月異，今日的贏家很有可能是明日的輸家，以台灣績優電子股宏碁為例，由於平板電腦的興起，造成筆記型電腦的需求大幅下滑，這也造成宏碁的股價呈現崩盤式的走勢圖，一直要到宏碁創辦人回歸後，股價才開始築底反彈。

宏碁周線圖

2.生技股

　　生技股可分為新藥、製藥、醫材等類，新藥在研發過程相關複雜，股市投資人不易了解，業者在發布內容過於浮濫，容易影響股價的暴漲與暴跌，最有名的例子即為2014年7月基亞發布新藥如期過關卻落空，造成股價連續跌停，許多台灣中實戶在此一役損失慘重。

基亞日線圖

3.遊戲股

還記得「憤怒鳥」這手機遊戲嗎？看看你周圍還有多少人在玩這遊戲，電子遊戲容易因為某樣暢銷遊戲就大賣，但是如今的消費者永遠都在追逐更新更好玩的遊戲，所以股價也容易造成暴漲與暴跌，2009年的網龍也因為當年的業績暢旺，讓股價飆漲近500元，但隨後熱潮一過，股價就呈現崩盤式的走法。

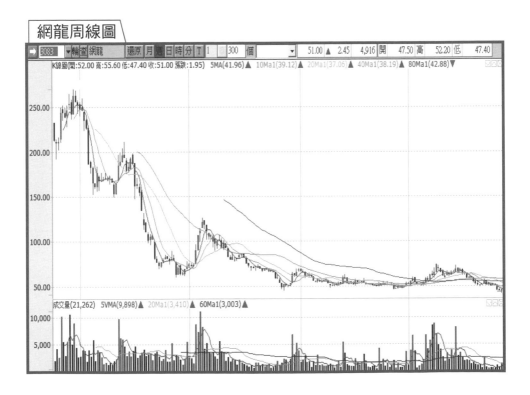

網龍周線圖

以上3類股都有個共同特徵，就是他們都只需要一個產品暢銷大賣，就能夠讓公司翻身，進而讓股價狂飆，所以若是創業的人，我會鼓勵老闆多往這三個方向去拚，但若是長期存股的投資人，絕對不適合這3類型的股票。

▶ 致富小叮嚀

　　若買到錯的股票，不只無法致富，更會讓自己長期賠大錢。

138

Lesson 3

從五面向
找出定存股

凡符合我的五面向選股，即列入我的口袋清單。

....

多年前研究過美國股神巴菲特的投資哲學後，我決定將
他的選股方法套用在台股上，雖然國內很難有像美國可口可
樂、吉列、麥當勞等大型國際公司，但是還是能用巴菲特的
精神挑出一些類股，再經過我多年的操作實戰後，終於讓我
找出了選出定存股的五面向。

當我把台股所有的股票列出後，再刪除科技股、生技股
和遊戲類股後，剩下的類股我就不特別劃分類股，而是以概
念式的方式來規納，凡符合我的五面向選股，即列入我的口
袋清單。

以下我便分別介紹我的五面向選股和個股的案例分析：

1.每日必用品

　　每天生活的必用品其實從食衣住行育樂涵蓋了許多面向，但若說現代人每天必備的一項必用品，我認為就是手機了，現今的智慧型手機已經跟以前單純通話的功能，升級到許多生活上的應用，但若只選手機製造商的話，反而會選到科技股，因此我推薦最穩健的通信股，因為不管哪一款手機，都需要電信商來提供傳輸與服務，而電信股的首選便是中華電信。

中華電

資料來源：富邦01

2.不用開發新產品

開一間公司若能有一項產品產出後，不用再需要創新，那麼各項生產的流程成本都可以降低，因此第二個面向便是找尋不用開發新產品的公司，石化公司就是屬於這類的公司，雖然還是會因為原物料報價的高低產生損益，但是比起科技公司每年都必須提播研發基金來說，傳統的石化公司這部分的研發成本的確是很低的，台灣的石化公司可以台塑集團的台塑化為代表。

台塑化

資料來源：富邦01

3. 股價波動低

　　既然存股的目的是希望用時間複利來滾財富雪球，那麼
股價就不宜有太大的波動，因為存股的投資人畢竟是有血有
肉的，看到股價大漲或大跌時，心中還是會想做點價差，唯
有股價平穩時，才不會有做短線的念頭，股價波動低的股票
其實大部分集中在金融股，我就簡單挑選金融股中ROE約
10％的永豐金為代表。

資料來源：富邦01

4. 進入門檻高

巴菲特強調一家好公司應該要有足夠的護城河,這即是指任何其他家想跨入這行的公司,都必須因為進入門檻很高而知難而退,便利超商即是我認為進入門檻非常高的行業,現在每走幾步路就有一家便利商店,即使想跨入這行的公司多有錢,也因為市場已經飽和而必須知難而退,而如今還存活的便利商店的公司,就如同獨佔市場般地穩穩賺了,便利超商龍頭統一超即是代表。

資料來源:富邦01

5. 可再生存10年

巴菲特說：「如果你不願意擁有一家公司十年，那就不要考慮擁有它十分鐘。」我一直強調，存股的績效要以10年為單位來檢視，所要投資的公司便要確保可再生存10年，壽險公司即是這面向的代表，因為每一份保單動輒繳15至20年的保費，國內每個人平均至少都有2張保單，所以若保險公司好好的運用保險金投資，便會有不錯的成績，國泰金即是優質保險公司的代表。

國泰金

資料來源：富邦01

Lesson 4

如何提高
定存股的績效

讓配股配息持續再投入股市，那獲得獲利相乘更是驚人。

在我30歲那年，歷經多年的努力存頭期款，並且結婚後加上妻子的存款，我們終於買了人生中的第一個房子，雖然每個月要付房貸，但是比起以前付房租幫房東賺錢的日子，心中其實踏實許多。

做越少賺越多

我目前住的房子，從買進到現在近10年，即使漲了一倍，但是沒有想過要賣房子，因為賣掉後也要再換房，但是同地段的房價也漲上來了，若要大一點空間的房子，便要搬離市區，所以其實算來算去，選擇不換房會是一個較穩健的做法。

決定把存股票當成我今生最重要的操作之後，我便無時無刻在想要如何提高存股的績效，想來想去，有一天我突然領悟到，存股票其實跟買房子很像，只要不常交易，靠著時間就能幫你賺錢。

但是房子比較不一樣的是，若房子是自住，其實只能靠著房子的漲價來讓資產增長，但是若房地產不景氣，造成房價不漲反跌時，那麼其實房地產的獲利還是有限。

股票卻能夠靠每年的配股配息，讓資產獲得實在的增加，並且若能讓配股配息持續再投入股市，那麼獲得的獲利相乘更是驚人。

基本分析VS技術分析

股市的基本分析和技術分析都各有擁護者，身為存股的投資人，我認為基本分析和技術分析都不能捨棄，原因就是兩者各有優缺點，但是若能善加利用優點避免缺點，長期下來則能夠收到績效提高的功效。

存股基本分析主要看的是，公司每一年的獲利表現是否如往年一樣，這當中可由每月的營收跟去年同期的比較，就大概有個概念，若連續幾月獲利衰退，投資人就可以考慮是否要換股。

定存股長期的牛市其實很驚人

台積電周線圖

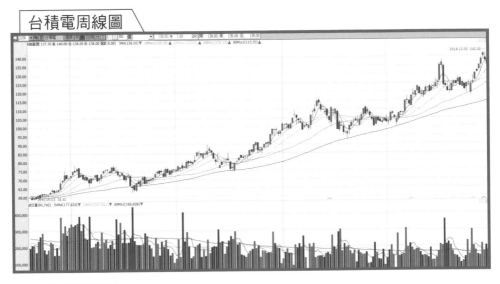

中保周線圖

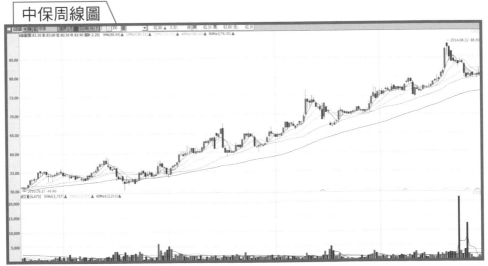

技術分析則看中的是**趨勢**是否即將反轉，存股雖然不用管短期股價的漲跌，但是若像遇到2008年的金融海嘯這種超級大空頭，投資人若能在頭部避開崩盤，在底部回補股票，那麼即可讓自己少存好幾年的股票。

基本分析

基本功	定期追蹤EPS、營收、毛利率等財務數字。
優點	公司的股價長期跟經營成果呈現正相關。
缺點	財務報表容易造假，造成投資人誤判。
適合的族群	公司法人和專業投資人
代表的人物	巴菲特

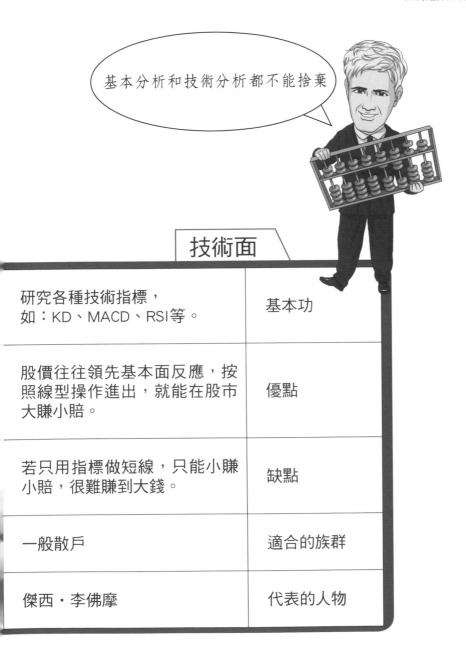

基本分析和技術分析都不能捨棄

技術面

研究各種技術指標，如：KD、MACD、RSI等。	基本功
股價往往領先基本面反應，按照線型操作進出，就能在股市大賺小賠。	優點
若只用指標做短線，只能小賺小賠，很難賺到大錢。	缺點
一般散戶	適合的族群
傑西・李佛摩	代表的人物

MEMO

Part 6

股市新手操作策略

股市有句名言：新手怕大跌，老手怕盤整。

股市5大必賺心法

投資新手可以採取「分批佈局，分批出場」的策略。

投資股票這麼多年來，我認為除了基本面和技術面的基本功外，最主要的就是要有正確的投資觀念，我特別提出以下幾個股市必賺心法，讓投資人在買股票時，就可以穩健地獲利。

1.耐心和信心

投資股市第一步，就是用基本面和技術面判斷多空，接下來便是在趨勢是多頭的時候買進股票，趨勢是空頭時賣出股票。在股市空頭的時候，要以耐心等待買點，而在股市多頭的時候，要用信心抱牢股票，等待賣點，這是最基礎的投資股票概念。

不過投資人在真正買賣股票時，會遇到一個問題，就是在跌的時候買進會害怕，因此經常不敢買進，結果往往錯失了最佳買點；而在股市大漲的時候，捨不得賣出股票，結果又進入套牢股票的日子裡。因此，若要跳脫這樣的命運，就要努力培養耐心和信心，你越能夠控制自己的情緒，自然能夠在股市裡無往不利。

有耐心的贏家心態

1.趨勢為多頭買進股票，空頭賣出股票。

2.大盤進入空頭市場就以耐心等待機會再出手。

3.大盤進入多頭市場就以信心抱牢手中多頭持股。

2.大跌是獲利的開始

股市有句名言：新手怕大跌，老手怕盤整。

對我而言，我已經經歷了無數次的景氣循環，對於股市大跌，我也有自己的一套應變措施，一般來說，我在股市剛剛開始大跌時，不會馬上去買股票，以免越買越跌。

股票在跌時，通常又快又急，因此有人會形容股市大跌時像落下的刀子，正在落下的刀子，不要隨意伸手去接，要等到刀子掉到地板時，在從容的從地上撿起，對於股市來說，就是要等股票落底時，再從容地去分批佈局。

股票要落底的訊號有很多種，除了傳統的技術指標以外，我會密切注意股市的成交量，因為若成交量創新低，股價卻不往下跌時，代表的意義是想賣股票的人已經賣的差不多了，剩下持有股票的人，股價再怎麼跌就是不賣，而這個時候就是股市確定落底訊號，而我則會準備開始買股票。

股市的底部通常盤整很久，因此我不會一次就把資金重押買到滿，會採取分批佈局的方式，一批一批地買進看好的績優股，如此一來，我不只分散了風險，而且還能培養我的耐心，因為買進股票後，剩下的唯一工作，就是用耐心和信心來等股票上漲。

如何面對股市暴跌呢？

1. 剛剛開始大跌時，我不會馬上買股票，以免越買越跌。

2. 密切注意成交量，若成交量創新低，股票不往下跌時開始買股。

3. 底部通常盤整很久，採取分批佈局的方式，耐心等股票上漲。

3. 賺多賠少

當我買進股票大漲時，我不會跟其他一樣，賺了幾毛錢就賣掉，我會續抱至中長線指標翻轉，確定漲不動了，我才會賣掉股票出場；不過若當我買進股票大跌時，我不會一直抱著不管，我會嚴設一個停損點，因為股票一直往下跌，表示當初買進的預估錯誤，因此在下跌超過10％，我會毫不考慮的停損出場。

總而言之，在我這二十幾年來的投資生涯裡，我認為要在股市穩健獲利，就是讓每一次的操作過程都是大賺小賠出場，若能長期保持著大的獲利和小的損失，自然很快就能讓自己富有起來。

在股市出場的3大條件：

1. 當我買進股票大漲時，我會續抱至中長線指標翻轉才出場。

2. 當我買進股票大跌時，若跌超過10％，我會毫不考慮的停損出場。

3. 要在股市穩健獲利，就是讓每一次的操作過程都是大賺小賠出場。

4.資金控管

很多投資朋友會很害怕買進股票，或是捨不得賣出股票，最大的原因就是想把資金一次就買滿或是一次賣掉出清，因此，若要避免經常有這樣的心態產生，最好的方法，就是控管好自己的資金。

我建議投資新手可以採取「分批佈局，分批出場」的策略，也就是說，假設你打算買進10張股票，那麼你可以分成10次買進或是5次買進，並且每次買股票的時間可以隔兩週以上，如此一來，即使買進股票繼續下跌時，你也還有資金可以再加碼。

當股票越漲越多時，千萬不要高興太早，要知道若沒有把股票賣掉落袋為安，那麼帳面上獲利，就不算你實質獲利，因此，在股票上漲時，建議你可以自己設一個停利點，例如報酬率20％開始賣股票，並且也是採取分批賣出方式，你自然不會因為貪心過度，最後沒有辦法賺到錢。

資金控管對於股票操作尤其重要，不管你目前的資金是多是少，你都要學習如何控管好自己的資金，因為這是一個可以把股市風險分散掉的最好方法，而且也可以糾正自己想從股市裡短期致富的錯誤觀念。

資金控管的秘訣：

「分批佈局，分批出場」，自然可以把風險分散掉。

5.停損是反敗為勝的開始

最後一項必賺心法是停損，停損觀念我之前有提到過一次，我會之所以把停損的觀念再獨立出來，就是因為這些年來，我看過太多的投資朋友買在股票的最高點，因為「捨不得」的關係，結果就從最高價直接抱到腰斬再腰斬。

我給大家個簡單的例子，一檔股票100元跌到50元，是跌了50％，但是若要從50元漲回100元，卻是需要漲100％的投資報酬率，才有辦法解套，由此可知停損的重要性。

若你能在股價跌至90元、80元甚至是70元時，勇於停損出場，那麼下次要再次反敗為勝的機會還是在的，但是很多朋友來找我時，通常股價已經至少跌了50％，這時不只停損已經太遲了，而且股價會跌這麼多，代表很可能這檔股票的基本面有了重大的變化，很有可能會繼續再往下跌。

　　停損是投資股票最重要的一項心法，會當機立斷賣出股票的人，才是會在股市賺大錢的人，我會建議你要以股市的大趨勢為主要判斷的依據，當你判斷一個波段行情即將結束，那麼你要勇敢地停損出場，這就叫做：「留的青山在，不怕沒柴燒」。

▶ 致富小叮嚀

　　會當機立斷賣出股票的人，才是會賺大錢的人。

活用現金股利
和本益比

投資人可以逢低佈局價值型股票的股票，這些公司通常都在傳統產業股。

這麼多年以來，我深刻感覺到要在股市裡賺錢，不只要有長期投資的觀念，最重要的，你需要懂得如何活用股利和本益比，股利和本益比是判斷一家公司基本面最好的方法，這兩項指標將幫助你選出最優質的股票。

現金股利

會想賺價差的投資人，其實嚴格來說，應該統稱為「投機客」才對，要當「投資人」應該是要以賺取每年的股利為主，賺價差只是額外的一些獲利而已。股利有分股票股利和現金股利，一般來說，高股價的公司發股票股利較多，低股價的公司發現金較多。

這是因為發股票雖然不必立即支付現金，但會使股本變大，長期下來，股價的**趨勢**會往下跌，而且因為公司必須賺更多的錢，才能維持相同的每股獲利，所以造成對經營者的壓力就非常大。

國外的公司其實都是發現金股利較多，因為經營者的理念通常是：「若公司有賺錢，就應該用現金回饋股東。」除非因為公司有資金需求才分割股票股利來籌措資金。

過去台灣電子公司喜歡發放股票股利，不過隨著競爭者殺價競爭，造成公司的毛利越來越低，也使得公司的經營壓力很大，所以近年來，電子股也像傳產股一樣，寧願每年多配些現金回饋股東，也不輕易發放股票讓股本不斷**膨脹**。

現票股利VS.現金股利

現金股利	計算方式為每股現金股利＊持有股數，也就是公司每年配給你的現金
股票股利	計算方式為：你持有的股數＊（每股股票股利／面額１０元），代表你可拿到一定比例的股票，也就是俗稱的「股兒子」。
舉例說明	假設你有一張華碩也就是１，０００股，公司發放１元現金及３元股票股利那你可以拿到：1*1000=1,000元的現金，1000*(3／10)=300股的股票

◎活用本益比

本益比人人會用，但要在股市賺錢，不只是「買進低本益比的股票，就等著股票漲」這麼簡單而已，必須要懂得活用本益比，尤其觀察公司營收、獲利來源和產品發展性。

1.營收正常

營收就是一家公司的現金流動，對於上班族來說，每月的薪水就是上班族的營收，若是上班族每月都把薪水花光光，還去借錢來消費，那麼便會開始負債，長期下來就變成如今的卡債族。

公司治理也是如此，在資產負債表上，要觀察公司所賺的錢，是不斷買進賺錢的資產，還是不斷亂花錢裝潢公司或是買高級車子，我看過了上千位老闆，幾乎成功的老闆都是非常節儉，生活水準也比他當初創業時好一點而已。

所以在買進公司的股票時，要觀察公司的營收報表是否正常，然後再從股價來推估本益比，若是你找到一家公司賺了很多錢，但是本益比小於10倍，那恭喜你，你可能找到了一支飆股。

2.本業賺錢

一家公司主要營收來源，必須依靠自己公司產品獲利，才是一家實實在在的公司，最近幾年，我看到一些公司本業不賺錢，每年財務報表都依靠著賣出本身公司的股票，或是子公司獲利，這樣的公司便不值得推薦給客戶投資。

目前有很多電子公司，在網路泡沫前擁有上百元的股價，如今都只剩下十幾元，這些公司的產品黃金周期已經過去，因此經常要依靠著轉投資獲利，所以你可以很輕易觀察到，即使這些公司長期處在低本益比的狀態下，但是股價仍然缺乏上漲的動能，最主要原因，就是因為本業不賺錢。

3.產品發產性

從公司的本業賺不賺錢，我們還可以衍生出是不是這家公司的產品是不是已經落伍了，因為公司產品必須不斷的創新和進步，才能持續保有競爭性，市場就會給予這家公司較高的本益比。

以晶電和已經下市的台光為例，這兩家公司基本上都是生產「會發光的產品」，不過由於晶電生產的商品是LED，這是一種既省電又耐用的新產品，而台光生產的是日光燈，這已經是一種不環保又不耐用的舊產品。

因此市場給予兩家公司的股價是晶電享有30至40倍的本益比，而台光如今已經下市，前陣子我們還可以看到新聞上，有些台光的員工抗議公司沒給資遣費，因此在觀察本益比時，還要觀察一家公司的產品是否具有發展性。

活用本益比的3個小叮嚀：

1. 營收正常

2. 本業賺錢

3. 產品發產性

景氣循環股和價值型股票

在運用本益比來投資時，你會經常遇到一個情形，就是你在買進低本益比時，股價往往是最高的時候，而賣掉高本益比時，又經常是在股價低檔區。

　　會造成這樣景氣循環股由於營收高低落差很大，在公司非常賺錢的時候，就會產生低本益的狀況，但是股票卻會領先反應未來的不景氣，因此便會開始下跌，所以用本益比來推估景氣循環股的股價是不合理的。

　　景氣循環股最重要的代表公司便是Dram股，景氣循環股因其獲利變動極大，故「本益比」的指標比較不具有參考性。不過價值型的股票表現卻則剛好相反，當本益比在低檔區時，代表股價已經來到低檔區，那是因為你買到景氣循環的股票。

　　投資人可以逢低佈局價值型股票的股票，這些公司通常都在傳統產業股，例如台塑集團股，就是我所觀察到最符合價值型股票的條件。

價值型股票VS.景氣循環股

價值型股票：獲利穩定 => 股價波動小

景氣循環股：獲利不穩定=> 股價波動大

活用KD和MACD

用MACD確認買點，用KD死亡交叉確認賣點。

　　在技術分析上，KD和MACD是我運用的2個重要指標，雖然這兩個技術指標並不是百分百準確，不過只要配合停損和停利的觀念，自然可以讓自己投資操作大賺小賠。

KD指標

　　KD值分為兩項指標，K值與D值，分別可連結成K值線與D值線。

　　一般而言，K值變動的速度會比D值快，當股價處於漲勢時，K值會大於D值；處於跌勢時，K值則會小於D值。K值與D值都介在0到100之間，投資人可藉由KD值的變化，

來判斷股價的相對位置是高或低，當K值與D值皆進入80以上時，就是屬於超漲區時，開始要準備賣出股票，但如果K值、D值進入20以下時，是屬於超跌區，投資人應該準備找尋買點。

KD的指標準確率極高，可以作為投資人波段進出的重要指標，唯一的缺點是在盤整期會有不斷的訊號出現，在大空頭時期甚至會讓你小虧，但大波段行情幾乎都能抓到，符合「大賺小賠」的原則，此外，投資人若能嚴格遵守分批買進原則，可以讓你度過底部盤整的時候

MACD指標

MACD的原理也是利用快速與慢速兩條指數平滑移動平均線，來判斷股市或個股的買進或賣出時機，不過因為MACD平均線比較平滑，因此可以避免像KD常出現假訊號的缺點，找出股價真正趨勢方向。

當股價處於漲勢中，短期（快速）移動平均線及中期（慢速）移動平均線間的差距會愈來愈大，如漲多整理時，兩者間的差距會縮小或交叉；在跌勢中，短期均線會跌破中期均線，且在中期均線之下，兩者的差距會隨著跌勢加劇而擴大。

活用KD和MACD

　　KD和MACD這兩項指標是股市入門的技術指標，但是很多人因為不會運用，造成跟著指標操作，卻在股市裡賠錢，進而覺得這兩項指標不好用，結果又去找尋更好用的指標，或者直接再去詢問哪裡有股市明牌，又陷入了股市賠錢的循環。

　　其實我在運用KD和MACD時，是抱持著幾個簡單的觀念，就是要能在股市長期裡大賺小賠，所以這些年不斷運用這兩個指標，從中悟出一些方法，就能讓指標的準確性大幅提高。

　　首先，股市在低檔盤整總是很久，短則幾天，長則可至數星期，因此股票的買點，我會用「MACD」黃金交叉的策略，來確定股票的買點，因為MACD指標可以確認趨勢的方向，因此當多頭趨勢來臨時，我則會用MACD來確認趨勢。

　　當買進股票後，我不只會觀察MACD的柱狀圖變化，還會再加入KD指標，因為KD指標的反應速度較快速，所以我會用KD來找尋適合的賣點，因為股票在下跌之前，幾乎都沒有什麼徵兆，有時候突然一個利空來，就引發股市的大跌。

用MACD黃金交叉確認買點

用KD死亡交叉確認賣點

這時就可運用KD指標，當KD指標來到80以上的超漲區時，就開始減碼股票，而當KD確定死亡交叉時，就毫不考慮的出清所有股票，即使KD指標高檔鈍化，少賺了後續上漲的行情，但是卻可以保護自己避免資金損失的風險。

▶ **致富小叮嚀**

　　在技術分析上，KD和MACD是投資股票的2個重要指標。

Lesson 4

觀察融資融券與股價的變化

融資融券關係其實不難理解，尤其若是以大盤的角度來觀察，更可以得到印證。

　　所謂融資就是和證券公司借錢買股票，依法律規定，上市公司借六成資金，所以投資人只要付四成資金，一般來說股價在低檔融資餘額增加，代表大家看好這支未來發展。

　　但是股價卻不一定會馬上漲，融資餘額可以配合成交量來觀察，若是成交量伴隨著融資餘額增加，那代表投信主力的資金都在這檔股票裡，這檔個股也比較高容易成為熱門股

　　融資餘額增加代表有主力默默吸籌碼鎖起來，將來股價一旦發動將一發不可收拾，但是這項觀察指標比較適合小型股，因為大型股的股本太大，融資餘額所佔的比例很少，因此大型股的融資餘額就比較不具短線的參考性。

融券代表投資人跟證券公司借股票來賣，所以融券餘額增加代表有人看壞這支股票未來的行情，但不代表這些投資人是對的，很有可能看錯而成為嘎空行情，但是也有特定主力看壞股票，而特意用融券去打壓股票或聯合炒作都是投資人不可不防的。

若看到融資餘額和融券餘額同步上漲，如果說股價也同時上漲，代表融資的力量大於融券的力量，因為融資是借錢買股票，融券是借股票來賣，照理來說應該會相互抵消，但是如果呈現上漲，表示賣出融券被買盤力道給超越，將來如果股價持續上漲，空方會因為保證金關係強制回補，而演變一段噴出行情。

反之，如果股價下跌融資餘額過高，反而會因為斷頭而被賣出，容易成為多殺局面而變成崩盤情形，融資融券關係其實不難理解，尤其若是以大盤的角度來觀察融資融券，更可以得到印證。

如圖所示，一個完整的多頭和空頭行情，可以用八個階段融資融券與股價的變化來觀察。

第一階段的多頭行情，總在融資斷頭的時候產生，這時也是所有散戶最恐慌的時候，股價呈現破底的狀態，這時也是證券公司發出追繳令的時刻。

融資融券與股價的8個階段

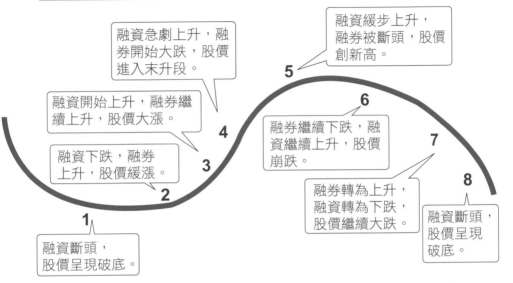

融資緩步上升，
融券被斷頭，股價
創新高。

融資急劇上升，融
券開始大跌，股價
進入末升段。

融資開始上升，融券繼
續上升，股價大漲。

融券繼續下跌，融
資繼續上升，股價
崩跌。

融資下跌，融券
上升，股價緩漲。

融券轉為上升，
融資轉為下跌，
股價繼續大跌。

融資斷頭，
股價呈現
破底。

融資斷頭，
股價呈現破底。

在第二階段時，股價開始緩慢上漲，但是散戶已經被嚇怕了，所以融資繼續下跌，而代表放空的融券繼續上升，這是因為看空的人認為股價還會大跌。

在第三階段時，由於股價開始大漲，因此散戶的信心又回來了，所以融資開始上升，但是看空的不認輸，想等跌的時候再回補空單，所以融券也繼續上升。

在第四階段時，股價進入末升段，所有散戶都陷入狂熱的狀態，認為股價會再大漲，融資呈現急邊上升，而放空的融券賠了大錢，於是開始認賠出場。

在第五階段時，由於股價呈現創新高，所以代表空方的融券在這時被斷頭出場，而這時由於所有的散戶都賺到錢，再把賺來的錢投入股市，所以融資繼續上升。

在第六階段時，股價開始崩盤大跌，而這是散戶不肯認輸，不只把之前賺來的錢投入，還去借錢來投資，代表空方的融券由於怕股價再創新高，所以也回補空單，造成融券跟著下跌。

在第七階段時，股價繼續大跌，這時散戶已經沒有錢加碼了，而有些人開始認賠殺出，所以融資開始轉為下跌，而空單的融券開始獲利，所以融券轉為上升。

第八階段就是第一階段，也就是融資被追繳，股價呈現破底的狀態，融資融券與股價成為一個完整的波段循環。

因此若是以融資融券的角度來觀察買賣點時，投資人應該是在第一階段，也就是所有人都在恐慌賣出股票時，開始買進股票，而在二、三、四階段時續抱股票，在第五階段時，所有人都在歡呼股價創新高時賣出股票，在六和七階段時，則是耐心等待股價落底。

Lesson 5

現股買進，長期持有

> 融資這項工具看起來是很好的槓桿，但是實際上卻是毀掉
> 一個人最好的工具。

　　融資是一個槓桿，基本上的原理就是你跟證券公司借貸一筆錢來投資，若是你買進上市公司的股票，你只需付四成的資金交割，其餘六成的資金由證券公司來幫你出，不過你還需要額外付利息給證券公司。

　　初玩融資的投資人，一定會很享受在只要付少少的錢，就可以賺到較多的錢，例如台積電現在若是五十元，代表一張是五萬元，你只需要準備二萬元，就可以跟買現股一樣，用融資擁有一張台積電，若台積電漲至六十元，代表了你賺了一萬元，也就是說，你本金只出二萬元，就賺到了一萬元，投資報酬率高達50％。

不過這是理論上的狀態，多數人買融資後，就是遇到股價在盤整區，但是因為買進股票的錢是借來的，當然會耐不住性子，看好像不漲了就賣掉股票，結果又回到炒短線去了，又陷入另一個惡性循環。

有更多人用融資買進股票時，遇到多頭趨勢結束，整個行情呈現崩盤，每檔股票都呈現腰斬的狀態，假設前述的台積電股價從五十元跌至二十五元，那麼就賠了二萬五，你不只連本金二萬元都賠掉，還要再補五千元給證券公司，而補不出錢的投資人就直接被證券公司強迫賣掉，就是俗稱的「融資斷頭」。

以上只是簡略的說法，實務上的操作是借錢給你的證券商為了自保，每天會計算你的帳戶維持率。

一般融資買進上市股票維持率約166%，當跌破120%，券商會寄發追繳通知單，通知你補錢或是賣掉、回補股票，如果第3天你還繳不出錢，讓維持率在120%之上，便會強制賣出或回補股票（如表）。

由此可見，融資這項工具看起來是很好的槓桿，但是實際上卻是毀掉一個人最好的工具，因為股市的利空消息總是突發的，完全沒有預兆，因此若要避免融資斷頭，最好的方法便是長期持有現股。

融資融券之費用

項目	政府徵收金額
融資、融券之券商手續費	買進金額X0.001425
融資利息算法	上市 成交金額X40%（持有天數X6.65%／365） 上櫃 成交金額X50%X（持有天數X6.65%／365）
政府收的證交稅	買進金額X0.003
證券商收借券費	買進金額X0.0008
融券時券商所付的利息	保証金x（0.05／365）X天數

　　現股最大的好處就是，所有買進的錢，都是你自己出的，即使股價大跌，你若選擇不賣的話，頂多是長期住套房而已，若是下一波行情來臨時，說不定不只可以解套，還有機會小賺一筆，總而言之，投資股市的秘技就是：不用融資，只買現股。

　　因為每年股市開盤的日子，約有三百天，但是真正上漲和下跌的日子，不會超過30天，也就是說，股市一年大約

有兩百多天的日子，是處於盤整的狀態下，因此很多投資人經常在盤整區時，耐不住性子賣出股票。

通常當散戶賣掉股票時，就是股市開始起漲的時候，所以我會建議投資人持有現股，因為股票不漲的時候，大不了就放著等，一點都不用擔心還有繳融資融券利息的問題，只要單純地耐心等待就可以。

長期持有現股有個最大的好處，就是沒賺到股票的價差，還可以參與每年公司的除權除息，像台塑集團的股票，每年除權息下來的投資報酬率，都是定存的好幾倍，因此投資人若要在股市裡大賺錢的話，就是要長期持有現股

▶ 長期持有現股的好處

1. 能承受大跌壓力
2. 盤整時，不被洗出場
3. 靠著除權息，獲取穩定報酬率

Lesson 6

了解自己的投資類型

不同類型的人會產生不同的股市操作，因此若你能知道自己屬於哪樣類型的人，你便能夠藉此從股市裡賺到錢。

　　過去我在當營業員時，經常會接到以下的電話：

「現在要買什麼股票？」
「我要一支馬上漲的飆股」
「我的股票套牢了，怎麼辦？」
「你直接報一支明牌給我好了」

拒絕內線消息

　　諸如此類的電話，我接都接不完，有時候我真的很為投資人可惜，因為許多投資人總是過於急躁，想在短期內就賺股市裡大賺一筆，或是買到一支超會漲的飆股，從此之後就

可以安穩地退休。但是通常結果都是事與願違，股市裡的漲跌起伏很大，若是不自己用功研究，整天只會一直打聽股市明牌或內線消息，那麼通常都是買到最高價的股票，買進後就直接大跌，從此之後住進股市的總統套房。

股市消息除電視、網路、報章雜誌外，三姑六婆的消息也不少，最可惡莫過上市公司的內部人員放出的假消息，如果每一件小道消息都要聽，那到底是哪個才是真正的消息？

我想很多人會認為，知道內線消息是最好的方法，因為掌握內線，代表的就是能比別人提早知道飆股，因此，若能夠買到這種股票，肯定可以發大財，我主跑財經線，因此，經常都會知道一些所謂的「內線消息」。

我從來沒買過這些內線的股票，因為，我知道一個很簡單的道理，真正的內線是在公司老闆的腦子裡。

一支股票將來會跌還是漲，只有公司老闆知道，只要有「內線消息」出來，其實都已經不知是第幾手消息了，這時聽到消息買進股票，只會慘遭套牢賠錢的命運而已。

因此，想靠著探聽內線消息在股市發財，是不切實際的行為，但是，因為這是一般人最容易接觸股票的管道，所以

經常會聽到許多人，買股票在股市慘賠的例子，間接地對股票投資產生害怕的心理，原因就是投資人熱衷探聽股市消息，而不勤奮研究股市基本功。

到處找尋內線消息的股票是不對的，投資人還是應透過自己用功研究，來買進優質的股票。

▶ 致富小叮嚀

想靠著探聽內線消息在股市發財，是不切實際的行為。

測試自己的投資類型表

	學生	上班族	老闆
1. 職業	5分	10分	20分
2. 自有資金	30萬元以下	100萬元以下	500萬元以下
	5分	10分	20分
3. 操作心態	非常關心漲跌	偶而關心漲跌	漲跌都不管
	5分	10分	20分
4. 賺錢的企圖心	想賺比定存高的報酬率	想賺比基金高的報酬率	想賺比股票高的報酬率
	5分	10分	20分
5. 股票套牢時	會加碼攤平	會放著被套	會停損出場
	5分	10分	20分
合計 分數	25至50分： A型	55至75分： B型	80至100分： C型

◎A型投資人：

A型的投資人屬於保守一族，比較不太容易從股市裡賺到錢，情緒容易跟著股價漲跌起伏，並且經常看著報紙買賣股票，因此，A型投資人一定要克服自己追求股市明牌的性格，才有機會從股市賺到錢。

◎B型投資人：

B型投資人在股市的獲利狀況有高低起伏，雖然對股市有所了解，但是由於無法準確掌握住股市的高低檔區間，所以大部分的時間，都是被股市套牢所苦，B型投資人應該加強的是自己的心理建設，建議多看一些財經書籍，建立起自己的投資哲學。

◎C型投資人：

C型投資人在股市的獲利通常是無往不利，不過有時候因為太過於有自信，往往把資金一次就重押進去，結果很可能把之前自己賺的錢，都一次賠進去，因此C型投資人切記要讓自己在佈局股票時，採取分批佈局的方式買進股票。

MEMO

Part 7

生活中的投資學

領悟生活中的小事，成就投資上的大事。

老鷹的一生

老鷹在四十歲時，必須經過痛苦的換喙、拔毛過程，才能重新得力，展翅飛翔。

　　曾在網路上看過一篇文章，節錄如下：

　　科學家研究過老鷹的一生，發現一般的老鷹只有四十年的壽命，但如果一隻老鷹經過一個重生的過程，它的壽命會延續到七十年，這個過程是痛苦的也是漫長的。

　　老鷹可說是世界上壽命最長的鳥類，牠的一生可以長達七十年，不過要活那麼長的壽命，牠在四十歲的時候必須『做出一個困難卻非常關鍵的決定』！

　　當老鷹活到四十歲時，牠的爪子開始老化，無法有效地抓住獵物，牠的喙也漸漸變得又長又彎，幾乎碰到胸膛，而

牠的翅膀也因為羽毛長得又濃又厚，所以變得十分沈重 也使得飛翔更加吃力，這時候的老鷹只有二種選擇：

一、等死』……
二、一個十分痛苦的更新過程

牠必需在懸崖上築一個特別的巢，並且停在那裡，不得飛翔，進行長達『150天』的痛苦過程如下：

老鷹首先用牠的喙敲擊岩石，直到完全脫落，然後靜靜地等待新的喙長出來，接著牠再用新長出來的喙，把原來的爪子 一根一根地拔出來，然後當新的爪子長出來，再把自己身上又濃又密的羽毛一根根地拔掉。

五個月後，當新的羽毛長出來後，老鷹重新得力又開始飛翔，又可以在過上30年展翅上騰的歲月……

（以上引用網路文章）

少數的贏家

當老鷹遇到生命中最大的難關時，有兩個選擇：

一、是停在原點，甚至退縮沉淪，雖然生命暫時無虞，但卻會讓自己加速頹廢而枯萎，最終無法讓自己長壽。

二、是往上提升，經歷一段重頭來過的辛苦後，讓自己重獲新生的生命，並且打造更美好的未來。

你我在投資這條路上，總會遇到許多難關，但是我們比老鷹幸運的地方是，我們不用讓自己身體受苦，就能讓我們的投資績效更上層樓，我們只需要更新自己的投資觀念。許多人剛接觸股市時，總是對股票能在短期內的大幅上漲所吸引，因此常抱持著『若能找到一檔飆股，就能夠快速致富』的想法，但事實上，股票能在短期內大漲，自然也能夠在短期內崩跌，有時崩跌的速度更超過投資人的想像。

當我以前在當營業員時，服務過的客戶至少有100多個，我自己私下觀察，只要是抱持的賺短線當沖差價的客戶，只有一至兩位有賺到錢，但是他們所投入的本金很低，約只有幾萬塊，所以獲利幅度也只有幾千元左右。

有些客戶算是中線投資者，也就是不賺短線的價差，但是追求波段的獲利，但這些客戶即使在某段時間內賺錢，但是當趨勢突然轉變時，往往又把賺到的錢又吐回去，甚至還倒賠，這樣的客戶約占了80%。

但有一些極少數的投資人，是選擇股價波動低、股本較大、每年穩定配息的公司來投資，他們共同的特色是幾乎不交易，每年只有領完配息後才會再用配息的資金買股票，當

複利表

金額	10000	純本金持續投資				本金與利息持續投資				
利率 年度	4%	5%	6%	7%	8%	4%	5%	6%	7%	8%
1	$10,400	$10,500	$10,600	$10,700	$10,800	$10,400	$10,500	$10,600	$10,700	$10,800
2	$10,816	$11,025	$11,236	$11,449	$11,664	$21,216	$21,525	$21,836	$22,149	$22,464
3	$11,249	$11,576	$11,910	$12,250	$12,597	$32,465	$33,101	$33,746	$34,399	$35,061
4	$11,699	$12,155	$12,625	$13,108	$13,605	$44,163	$45,256	$46,371	$47,507	$48,666
5	$12,167	$12,763	$13,382	$14,026	$14,693	$56,330	$58,019	$59,753	$61,533	$63,359
6	$12,653	$13,401	$14,185	$15,007	$15,869	$68,983	$71,420	$73,938	$76,540	$79,228
7	$13,159	$14,071	$15,036	$16,058	$17,138	$82,142	$85,491	$88,975	$92,598	$96,366
8	$13,686	$14,775	$15,938	$17,182	$18,509	$95,828	$100,266	$104,913	$109,780	$114,876
9	$14,233	$15,513	$16,895	$18,385	$19,990	$110,061	$115,779	$121,808	$128,164	$134,866
10	$14,802	$16,289	$17,908	$19,672	$21,589	$124,864	$132,068	$139,716	$147,836	$156,455
11	$15,395	$17,103	$18,983	$21,049	$23,316	$140,258	$149,171	$158,699	$168,885	$179,771
12	$16,010	$17,959	$20,122	$22,522	$25,182	$156,268	$167,130	$178,821	$191,406	$204,953
13	$16,651	$18,856	$21,329	$24,098	$27,196	$172,919	$185,986	$200,151	$215,505	$232,149
14	$17,317	$19,799	$22,609	$25,785	$29,372	$190,236	$205,786	$222,760	$241,290	$261,521
15	$18,009	$20,789	$23,966	$27,590	$31,722	$208,245	$226,575	$246,725	$268,881	$293,243
16	$18,730	$21,829	$25,404	$29,522	$34,259	$226,975	$248,404	$272,129	$298,402	$327,502
17	$19,479	$22,920	$26,928	$31,588	$37,000	$246,454	$271,324	$299,057	$329,990	$364,502
18	$20,258	$24,066	$28,543	$33,799	$39,960	$266,712	$295,390	$327,600	$363,790	$404,463
19	$21,068	$25,270	$30,256	$36,165	$43,157	$287,781	$320,660	$357,856	$399,955	$447,620
20	$21,911	$26,533	$32,071	$38,697	$46,610	$309,692	$347,193	$389,927	$438,652	$494,229
21	$22,788	$27,860	$33,996	$41,406	$50,338	$332,480	$375,052	$423,923	$480,057	$544,568
22	$23,699	$29,253	$36,035	$44,304	$54,365	$356,179	$404,305	$459,958	$524,361	$598,933
23	$24,647	$30,715	$38,197	$47,405	$58,715	$380,826	$435,020	$498,156	$571,767	$657,648
24	$25,633	$32,251	$40,489	$50,724	$63,412	$406,459	$467,271	$538,645	$622,490	$721,059
25	$26,658	$33,864	$42,919	$54,274	$68,485	$433,117	$501,135	$581,564	$676,765	$789,544
26	$27,725	$35,557	$45,494	$58,074	$73,964	$460,842	$536,691	$627,058	$734,838	$863,508
27	$28,834	$37,335	$48,223	$62,139	$79,881	$489,676	$574,026	$675,281	$796,977	$943,388
28	$29,987	$39,201	$51,117	$66,488	$86,271	$519,663	$613,227	$726,398	$863,465	$1,029,659
29	$31,187	$41,161	$54,184	$71,143	$93,173	$550,849	$654,388	$780,582	$934,608	$1,122,832
30	$32,434	$43,219	$57,435	$76,123	$100,627	$583,283	$697,608	$838,017	$1,010,730	$1,223,459

時身為營業員，根本賺不了多少他們的手續費，但是他們每年的獲利平均都至少有7-10%的報酬率，並且每一年都穩定獲利。

更新投資觀念

在股市裡有句話說：『投資股市10個人當中，只有一個人賺錢。』經由我以前統計所有客戶的經驗，這句話說得真是沒錯，所以與其自己重頭開始在股市摸索繳學費，不如一開始就學這些少數的股市贏家是怎麼做的。

如前所述，少數的股市贏家不熱衷短線交易，甚至也不作波段操作，而是專心把資金投資在能每年產生股息股利的公司，這樣不僅不用整天煩惱股市漲跌，還可專心於本業的工作，退休後也可靠股票獲取穩定的退休金。

所以若能把『賺股價翻倍致富』的觀念，轉換為『不賺差價，賺股利。』的投資觀念，那麼我相信不出10年，將大大翻轉你目前的財務困境，進而開始走在財富自由的道路上。

Lesson 2

埃及金字塔

有些學者認為「金字塔」是外星人作為 UFO 導航的地標，增添了金字塔偉大與神祕之處，金字塔的精妙設計，也可衍伸至股票投資。

金字塔英文為Pyramid，這字源於希臘語的「Pyramis」，本意為「糕餅」，是指以前希臘人食用的一種尖頂狀的糕餅。古埃及人稱之為「庇裡穆斯」、意為「高」。中國人則將它翻譯為「金字塔」，是因為它的形狀像是漢字的「金」。

外星人的地球基地？

「金字塔」等於是埃及標誌與象徵，埃及金字塔則是「世界七大奇景」一，埃及金字塔建於西元前2600年以前，共有七十多座，大部分位於開羅西南吉薩高原的沙漠中。

其中，最大、最有名的是祖孫三代金字塔——胡夫金字塔、哈夫拉金字塔和門卡烏拉金字塔。

其中胡夫金字塔相當於一座四十多層的摩天大廈。據說當時有十萬人用了十年的時間修築石道和地下墓穴，又用了二十年時間才砌成塔身，整個工程總共歷時三十多年。

隨著科學的發展和考古學的蓬勃興起，人們對金字塔的考察與研究越來越深入，許多學者和考古學家對胡夫金字塔進行許多側量後，發現了許多奇妙的數字。

例如，胡夫金字塔高度的平方等於它的每個三角形斜面的面積，塔高擴大10億倍，就約等於太陽到地球的距離。

塔高與塔基周長的比例等於地球半徑與周長的比例，用塔高來除底邊的兩倍，相當於圓周率的近似值3.14，塔重乘以10的15次方，則等於地球的重量，塔基的周長則相當於一年的天數。

有些學者認為在幾千年前，人類不可能有建造「金字塔」的能力，或許只有外星人才有，因此有人認為「金字塔」是外星人作為 UFO 導航的地標，是外星人到地球上來的一個降落之地，這也更增添了金字塔偉大與神祕之處。

底部金字塔買進策略

　　金字塔的精妙設計，也可衍伸至股票投資，累積了這幾年的投資經驗，我歸納出兩種金字塔買進策略，一種是較適合新手，如圖所示，當股價越往下跌時，所買進的資金比例越多，一直到買滿為止。

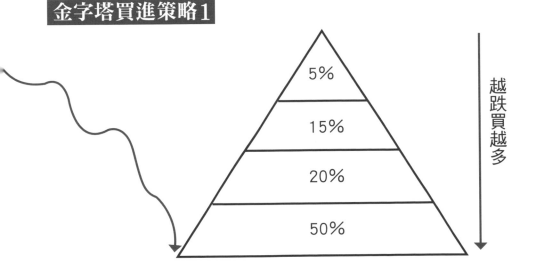

金字塔買進策略1

5%

15%

20%

50%

越跌買越多

另一種則是適合老手的布局策略，在進場前先判斷是否股價已經接近底部，若是確認是底部了，則第一筆就布局50%的資金，第二筆則是當股價開始起漲後，再布局30%的資金，以此類推，當股價漲越多，所投入資金則越少。

這兩種金字塔買進策略其實無所謂好壞，差別只在於所等待的時間，第一種買進策略由於不確認底部在哪，所以即使買滿資金後，還需要等待股價的上漲，第二種買進策略則是等待股價已經落底，而且第二筆是要等股價已經起漲後再買，等於是搭上股價起漲列車的布局方式。

金字塔買進策略2

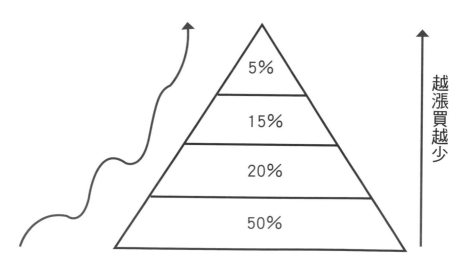

頭部金字塔停損策略

投資股市要會買，更要懂得會賣，雖說投資股票要長期投資才會賺錢，但是不代表當多頭大趨勢結束時，還要死抱著股票不放，而是應該善設停損點出場，才能保有更多的資金，等待下次好的進場點。

以我的經驗，停損點設為總資產的10%為最理想，如圖所示，當股價開始往下跌破10%時，就將資金全部賣出，雖說賠了10%，但是至少還保有90%的本金，俗話說：『留的青山在，不怕沒柴燒。』所以當停損點來到時，一點也不要覺得可惜，『賣』就對了！

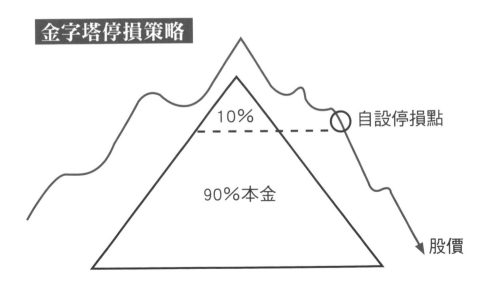

金字塔停損策略

10%　　　　　　　○自設停損點

90%本金

股價

學飛翔的老鷹

老鷹如果沒有付出辛苦的鍛鍊，是不可能學會飛翔的。

在斷崖峭壁上，任何一隻動物都會本能地想躲在安穩舒適的巢裡，即使是小鷹也是，畢竟牠們根本還沒學過甚麼是真正的飛行，可是有什麼辦法能讓小鷹不再眷戀著窩巢呢？

讓幼鷹學會飛翔

通常母鷹會開始攪動鳥窩巢，讓巢上的各種枯草和羽毛掉落，進而曝露出下面尖銳的石子和荊棘，小鷹因此會被刺痛的哇哇叫，最後逼的小鷹只好忍痛振起雙翅，跳離窩巢，開始牠第一次的「飛翔」。

　　有科學家研究，如果把自己飼養的小鷹，讓牠從地上憑著拍打自己的翅膀來學飛，那麼根本飛不到一個房子的高度，這是因為鷹的翅膀構造與一般的鳥類不同，而且所使用的飛行原理也不一樣。

　　鷹幾乎可以不用拍動翅膀就能飛行於千百公尺的高空，相較之下，大部分的鳥類都是需要奮力的振翅才能勉強維持某個高度，體型越小的越特別是如此，所以如果小鷹沒能成功的地展開翅膀，抓到山谷裡的上升氣流，那麼小鷹便會直接摔下去。

　　不過此時，母鷹會趕緊飛下去，用牠開展的翅膀想辦法幾乎要墜地的小鷹於她的兩翼之間，再反覆好幾次，一直讓小鷹懂得如何利用氣流展翼飛行，因為對一隻鷹而言，飛翔，從來不是一個選擇，而是牠們人生的全部。

投資的上升和下降氣流

　　在股票市場裡，許多投資人就像一般小鳥一樣，總是不停地交易股票，就像小鳥揮動翅膀一樣，但到最後總是飛不高，更慘的是許多投資人反而因此跌入深淵，所以若想在股票市場裡成功，就要學老鷹如何觀察氣流，進而成功翱翔天空。

股市的移動平均線就像氣流一樣，K線在移動平均線以上，表示均線翻揚，並開始走揚，這時投資人便可以隨著均線佈局，甚至可在短線拉回時加碼股票，就像老鷹隨著氣流往上一樣。（右1）

相反的，當K線在移動平均線之下，表示均線回落，並開始下降，這時投資人便可以隨著均線賣出股票，甚至可在短線反彈時加碼放空股票，就像老鷹往下俯衝獵捕獵物一樣。（右2）

老鷹如果沒有付出辛苦的鍛鍊，是不可能學會飛翔的，在投資市場也是如此，若沒有保持謙卑的學習與忍耐，自己終究會無法成為能在股市飛翔的老鷹，自然也無法享受在寬廣的天空中的自在與自信。

在投資這條路上，我雖然有時會面臨辛苦或獨自面對問題的時候，但只要想著那在高空中飛翔的老鷹，正乘著氣流爬升上來，我相信只要堅持到底，我們一定可以成為帥氣的老鷹，在股市裡擁有無垠的藍天並擁抱那夢想的幸福。

股市的上升氣流

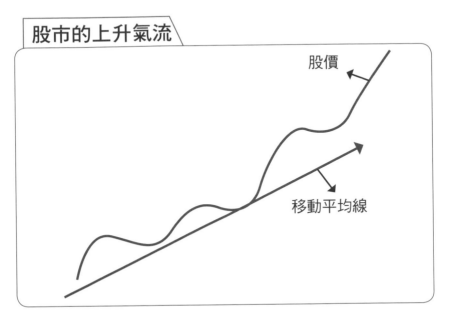

股價

移動平均線

股市的下降氣流

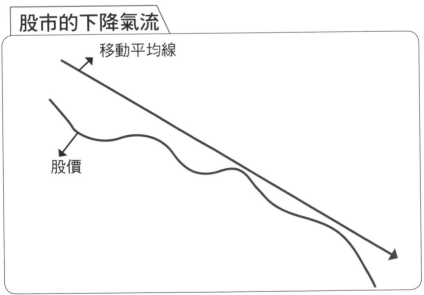

移動平均線

股價

楚漢傳奇

投資者應該像劉邦一樣，結合一切的資源，來讓自己邁向成功之路。

　　楚漢相爭算是中國歷史上經典的傳奇，項羽是貴族後代，是能夠扛鼎的西楚霸王，劉邦當初只是家鄉沛縣的一個亭長，然而，項羽孤傲自負，剛愎自用，劉邦卻知人善任，廣納天下能者之士，因此能夠擊垮勇猛不可一世的項羽，讓他最終兵敗垓下，自刎於烏江，。

你要當項羽還是劉邦？

　　劉邦雖是歷代君王中出身較為低下，但他卻是最會當領導的人，他知人善用，網羅天下人才為他所用，不只成就了別人，別人也心悅誠服成就了劉邦的霸業，漢高祖劉邦曾經問臣下自己之所以得天下的原因，回答各有不同。

漢高祖聽後說：『夫運籌帷幄之中，決勝千里之外，吾不如子房。鎮國家，撫百姓，給饋饟，不絕糧道，吾不如蕭何。連百萬之軍，戰必勝，攻必取，吾不如韓信。此三者，皆人杰也，吾能用之，此吾所以取天下也。項羽有一范增而不能用，此其所以為我擒也。』

在投資的路途中，我們若只是想依靠自己，那就像項羽一樣，只想靠著匹夫之勇來打天下，短期內或許有成效，但是長期下來是絕對無法成功的，成功的投資者應該像劉邦一樣，知自己有所不足而不斷學習，並且結合一切的資源，來讓自己邁向成功之路。

運籌帷幄之中，決勝千里之外

我有個朋友小智，他是從國內最高等的學府畢業，畢業後也很快找到穩定的工作，之後順利結婚並有了兩個孩子，在外人來看，他的人生很順遂，事實上，我有一陣子還很羨慕他。

因為我畢業後，有半年的時間找不到工作，因為我不是知名大學畢業，也沒有甚麼專長，只好暫時在親戚開的公司當倉庫管理員，後來交了女朋友打算結婚時，也因為沒有體面的工作，而遲遲無法結婚，一直要到我轉到金融業後，才能夠順利地成家。

但後來我從事金融業後，認識了巴菲特這號人物，因為他可說是投資界的張良，可以在家運籌帷幄，致富於千里之外，因此我便下定決心要好好學習投資理財，希望有一天也能夠靠著投資達到財富自由。

經由多年的努力，我在投資上所獲得的收入，已經遠遠大於上班的薪水，所以很順利地買房買車，還可固定出國旅遊，不過我的朋友小智，由於他還是只靠著上的薪水過活，所賺得的收入只夠生活費，完全無法再有更多的花費，來讓家人的生活品質更好。

由此可知，致富不是只依靠文憑或努力工作，而是應該及早開始學習，並且開始行動，最後再交給時間複利來達陣。

給饋饟，不絕糧道

劉邦在跟項羽對峙於滎陽時，蕭何從關中源源不絕地提供糧草，因此到最後項羽因糧草不足不得不求和，雙方約定：楚、漢中分天下，鴻溝以西者為漢，鴻溝以東者為楚，所謂楚河漢界，劉邦採納張良、陳平之建議，撕毀盟約，聯絡韓信、彭越等，後在淮北垓下，以60餘萬大軍將10萬楚軍圍殲，項羽突圍至長江北岸的烏江，因「無顏見江東父老」而自刎，楚漢戰爭結束。

　　很多投資人總是在股市賺到錢後，就認為可以在股市裡致富賺大錢，甚至可以辭掉工作，專心在股市裡操盤，殊不知股票會上漲更會崩跌，投資人在一波牛市中賺到的錢，很可能會在下一波的熊市中連滾帶利賠回去。

　　因此投資人不該辭掉現有的工作，因為要像蕭何一樣，提撥工作中的部分收入，源源不絕地長期投資股票，這樣即使股價短期內崩跌，投資人依然可以靠著工資收入，等待下次的牛市來臨。

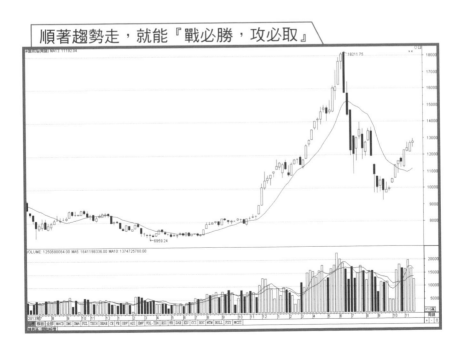

順著趨勢走，就能『戰必勝，攻必取』

戰必勝，攻必取

韓信不只喜歡打仗，更喜歡打勝仗，因此他若沒有必勝的把握時，是不會輕易出擊的，投資人在投資股票時也是該如此，一般來說，股票長期投資是一定可以賺到錢，既然投資是為了賺錢，那麼就不應該追求短線內的股價漲跌，而是應該追求長期的績效。

至於如何像韓信一樣『戰必勝，攻必取』呢？我認為除了長期投資之外，最重要的就是看懂長期的趨勢變化，順著趨勢走，不只投資績效可以事半功倍，還能減少許多不必要的損失。

▶ 致富小叮嚀

與其自己重頭開始在股市摸索繳學費，不如一開始就學那些少數的股市贏家是怎麼做的。

股市技術分析圖典

定價：280 元

晉升高手
一定要懂的量價分析

定價：250 元

看懂財報
每年穩賺18%

定價：280 元

高手不說，
默默放空多賺15%

定價：300 元

新手一看就懂的
股市小百科
定價：300 元

新手老闆的
創業SOP
定價：300 元

新手一看就懂的
股市分析（財報增修版）
定價：350 元

學當沖，
多空都能月賺15萬
定價：300 元